DAGELIJKSE KOST

met Jeroen Meus

1ste druk: april 2011
5de druk: mei 2011

Diestsesteenweg 71a - 3010 Leuven

www.vanhalewyck.be
www.jeroenmeus.be
www.een.be
www.hotelhungaria.be

Dagelijkse Kost is een programma van **Hotel Hungaria** in opdracht van **één**.

Wil je meer weten over *Dagelijkse Kost*? Kijk dan op de website voor filmpjes, keukenweetjes, basistechnieken: **www.een.be/programmas/dagelijkse-kost**

Redactie: **Bart Sap**
Food assistant: **Vincent Tibau**
Fotografie: **Verne (www.verne.be)**
Cover en vormgeving: **Filip Coopman (www.filipcoopman.be)**
Druk: **New Goff, Mariakerke**

NUR 441
ISBN 978 94 6131 042 2
D/2011/7104/17

DAGELIJKSE KOST

met Jeroen Meus

UITGEVERIJ VAN HALEWYCK

INHOUD

BASISRECEPTEN

SOEP

SALADE

VIS

VEGETARISCH

PASTA

VLEES

GEWOON SPECIAAL

ZOET

SPAGHETTI MET PANCETTA, KERSTOMAAT EN RUCOLA

Bereidingstijd
20 minuten

Ook een chef heeft soms weinig tijd om te eten. Deze eenvoudige pastaschotel maakt Jeroen regelmatig voor zichzelf klaar. Het gerecht is ideaal om na een drukke werkdag het hele gezin een snelle en smakelijke hap te serveren.

Ingrediënten
(4 personen)

500 g spaghetti
4 plakken pancetta
(0,5 cm dik)
12 kleine trostomaten
3 uien (of dikke sjalotten)
een teentje verse look
1 busseltje rucola
1 busseltje verse basilicum
100 g pijnboompitten
een blokje verse
Parmezaanse kaas
½ dl olijfolie
zwarte peper en zout

Bereiding

- Zet een ruime pot met water op het vuur. Voeg een flinke portie zout toe en breng het water aan de kook.
- Strooi de pijnboompitten in een vuurvast schaaltje en rooster ze onder een hete grill goudbruin. Schud ze af en toe even op, zodat de pitten egaal gekleurd zijn. Let op, pijnboompitten kunnen makkelijk verbranden!
- Verwijder de steeltjes en snij de tomaten in partjes. Het is niet nodig om de tomaten te ontvellen of ze te ontpitten.
- Versnipper de uien en de look. Stoof ze aan in olijfolie (niet laten bakken). Snij plakjes pancetta in reepjes of kubusjes. Laat het vlees kort meestoven met de uien. Voeg even later ook de tomaatjes toe, maar zorg ervoor dat de tomaten beetgaar blijven.
- Kook de spaghetti al dente, en giet het kookvocht weg. Meng de pasta onder het mengsel van ui, look, pancetta en tomaten.
- Voeg zwarte peper van de molen toe. Wees voorzichtig met extra zout. (De pancetta en de Parmezaanse kaas zijn al zout van smaak.)
- Doe het mengsel in een ruime schaal. Meng er net voor het opdienen de rucola en de blaadjes basilicum onder. Strooi de pijnboompitten erover en werk de pastaschotel af met schilfers van de Parmezaanse kaas.

Pasta wil zwemmen: het is belangrijk om pasta altijd te koken in een grote pan met veel water (en veel zout!). Als de pasta dan in het kokend water wordt gedaan, koelt het water bijna niet af en is het meteen ook weer aan de kook. Dat maakt het gemakkelijker om de correcte kooktijd vast te stellen.

VARKENSKOTELET MET WORTEL-STOEMP EN PICKLES

Bereidingstijd
ongeveer 35 minuten

Ingrediënten
(4 personen)

4 varkenskoteletten (200 g per stuk)
4 grote uien
12 wortels
6 grote aardappelen (loskokend, bv. bintje)
2 dl water
100 g melkerijboter
peper en zout
nootmuskaat
1 eetlepel zachte mosterd
Belgische pickles

VOOR HET BOUQUET GARNI
3 takjes verse tijm
4 peterseliestengels
2 blaadjes laurier
keukentouw

Bereiding

| Schil de uien, en snij ze in grote stukken. Schil de wortels (indien nodig) en versnijd ze in rondjes. Schil de aardappelen en kook ze gaar in een ruime pot met water met zout.
| Smelt een flinke klont boter in een pot en bak de uien aan op een middelhoog vuur. Roer regelmatig om. De uien mogen goudbruin gebakken zijn! Voeg de stukjes wortel toe en stoof die ook mee aan.
| Knutsel een bouquet garni (of kruidentuiltje) in mekaar, om extra smaak te geven aan de stoemp. Met een stukje keukentouw bind je enkele peterseliestengels, een paar blaadjes laurier en enkele takjes verse tijm samen. Laat dit bundeltje meestoven met de uien en de wortels.
| Laat alles nog enkele minuten stoven en voeg dan het water toe. Zo kunnen de wortels verder garen.
| Zodra de wortels gaar zijn, vis je het bouquet garni uit de pot. Voeg de gekookte aardappelen toe en plet het groentemengsel met een pureestamper. Echte stoemp mag niet te fijn gestampt zijn!

Tip: **Probeer stoemp te maken in de verhouding: 1/3 aardappelen en 2/3 groenten.**

| Schep een lepel zachte mosterd door de stoemp. Proef en voeg zout, nootmuskaat en peper van de molen toe, naar eigen smaak.
| Kruid de koteletten aan beide kanten met peper en zout. Smelt een klont boter in een hete pan. Zodra de boter licht verkleurt, schroei je het vlees aan beide zijden dicht.

Tip: **Als de pan niet heet genoeg is, lost het vlees zijn vocht en 'kook' je de koteletten, waardoor het vlees taai en droog wordt.**

| Zodra de koteletten langs beide zijden dichtgeschroeid zijn, zet je het kookvuur op een lagere stand. Zo zal de boter niet verbranden en kan het vlees verder garen (3 à 5 minuten aan weerskanten).
| Schep een flinke portie stoemp op het bord. Leg er een warme kotelet langs en werk af met een eetlepel echte Belgische pickles.

MOELLEUX VAN CHOCOLADE

Bereidingstijd
ongeveer 30 minuten

Met een chocoladedessert tover je gegarandeerd een glimlach op de gezichten van je tafelgenoten. Veel mensen wagen zich niet aan de bereiding van een warme moelleux, en toch is het heel eenvoudig. Mijn recept voor dit chocoladegebak met een vloeibare kern kan niet mislukken!

Ingrediënten
(4 personen)

100 g donkere chocolade
4 eieren
110 g boter
50 g gezeefde bloem (patisseriebloem)
100 g suiker
vanille-ijs en/of wat vers rood fruit

EXTRA MATERIAAL
4 metalen serveerringen (diameter ca. 7 cm)
zeef
(plastic) spuitzak
bakpapier of siliconen ovenmatje

Bereiding

- Weeg alle ingrediënten zorgvuldig af. Dat is zeer belangrijk voor het eindresultaat.
- Meng twee volledige eieren en de dooiers van de twee overgebleven eieren met de suiker. Zeef de bloem in de mengkom en klop het geheel goed los tot je een homogene massa krijgt. Smelt de chocolade samen met de boter en voeg ze toe aan het mengsel.
- Giet het geheel in een gesloten spuitzak. Laat die afkoelen in de koelkast, zodat het mengsel wat kan opstijven. *Opgelet: bak de moelleux vlak voor het serveren. Tot zolang kan het beslag in de koelkast blijven liggen.*
- Verwarm de oven voor op 210° C. Hou de bakplaat apart.
- Wrijf de binnenzijde van de serveerringen in met een beetje boter en strooi er vervolgens wat bloem over. Zo komen de gebakjes later makkelijker los uit de vorm.
- Plaats de ringen op de bakplaat, op een vel bakpapier of een siliconenmatje. Spuit dan het beslag in de vormpjes. *Let op: vul elke ring slechts voor 2/3 met het beslag, het gebak zal immers rijzen in de oven.*
- Bak de moelleux 8 à 10 minuten in de oven op 210° C. (De baktijd hangt af van het type oven.)
- Maak de gebakjes voorzichtig los en zet er eentje op elk dessertbord. Het hart van de moelleux moet vloeibaar zijn. Meteen opdienen is de boodschap!

- Serveer de warme moelleux met een bolletje vanille-ijs en/of wat vers rood fruit.

PLADIJS MET TARTAARSAUS EN PUREE

Bereidingstijd
ongeveer 40 minuten

Het seizoen voor pladijs loopt van juni tot en met oktober, dan is de aanvoer het grootst. De noordzeepladijzen hebben dik visvlees en worden door onze vissers op een duurzame en meer milieuvriendelijke manier gevangen. Met een rijke tartaarsaus en een schep heerlijke puree erbij wordt het puur genieten.

Ingrediënten

(4 personen)

VOOR DE VIS
4 verse pladijzen
tuinkers
een citroen
melkerijboter
peper en zout

VOOR DE PUREE
1 kg aardappelen (loskokend, bv. bintje)
2 dooiers
1,5 dl melk
60 g boter
3 eetlepels olijfolie
zout

VOOR DE TARTAARSAUS
2 hardgekookte eieren
4 kleine augurken (op azijn)
1 eetlepel kappertjes
1 eetlepel dragon
2 eetlepels peterselie
2 eetlepels bieslook
zout, peper van de molen
3 flinke eetlepels mayonaise (zie p. 167)

Bereiding

TARTAARSAUS

- Begin met de bereiding van de tartaarsaus. Een verse mayonaise is de basis van de saus. Kook intussen de eieren hard (minimaal 8 minuten koken).
- Snij de verse dragon, peterselie en bieslook samen met de sjalot in fijne snippers. Snij ook de augurken en de kappertjes zeer fijn.
- Plet de hardgekookte eieren. Voeg alles toe aan de mayonaise en meng goed.
- Kruid de tartaarsaus met peper en zout.
- Zet de saus in de koelkast.

PUREE

- Bij dit gerecht hoort een smeuïge puree. Kook daarvoor de aardappelen gaar in gezouten water, en draai de aardappelen door een *passe-vite.*
- Breng de melk samen met de boter en de olijfolie aan de kook, en haal deze van het vuur. Meng hiermee de gepureerde aardappelen. Meng de dooiers onder het geheel en voeg wat zout toe naar eigen smaak.

PLADIJS

- Verwarm een klont boter in een hete pan. Bak de pladijs op het vel, zo'n 3 à 4 minuten aan elke zijde.
- Kruid met peper van de molen.

Tip: voeg tijdens het bakken regelmatig een klein beetje verse boter toe.

- Serveer de pladijs op een groot bord, samen met een flinke schep puree en een lepel tartaarsaus.

SCAMPI MET TABOULEH EN KORIANDERPESTO

Bereidingstijd
45 minuten

Ingrediënten
(4 personen)

VOOR DE SCAMPI
16 scampi (maat: 16/20)
olijfolie

VOOR DE TABOULEH
250 g couscous
1 rode paprika
½ courgette
½ venkelknol
1 wortel
enkele takjes munt
½ busseltje koriander
1 kaneelstokje
1 tl komijnpoeder
1 el sesamolie
1 el lichte sojasaus
1 el rijstazijn
1 liter groentebouillon (zie p. 23)

VOOR DE PESTO
1 teentje look
20 g pijnboompitten of amandelen
50 g parmezaan
60 g verse koriander
100 ml olijfolie
sap van een halve citroen
zout

Bereiding

TABOULEH

- Verwarm de groentebouillon en voeg er het kaneelstokje en het komijnpoeder aan toe. Laat dit een halfuurtje inwerken, zodat de bouillon kruidiger wordt.
- Snij de venkel, courgette en wortel in fijne blokjes. Schil ook de rode paprika en snij deze in heel kleine blokjes (brunoise). Hou de paprika apart.
- Neem een ruime schotel en meng de couscous met de rauwe groenten (behalve de paprika). Giet wat warme groentebouillon over het mengsel van couscous en groenten, en laat het vocht een paar minuten intrekken (wellen). Roer af en toe om te controleren of de couscous gaar is. Proef en voeg indien nodig nog wat bouillon toe. Laat de couscous afkoelen, en voeg daarna ook de blokjes paprika toe.
- Maak een mengsel van de sesamolie, sojasaus en rijstazijn. (Wees voorzichtig met de sesamolie, want die is zeer aromatisch.) Meng dit onder de couscous.

PESTO

- Doe alle ingrediënten in de blender: knoflook, pijnboompitten (of amandelen), koriander, schilfers (of geraspte) Parmezaanse kaas en olijfolie. Mix alles tot een smeuïge pasta. Proef en voeg naar smaak nog wat peper, zout en citroensap toe.

SCAMPI

- Haal het pantser van de scampi, en verwijder het darmkanaal. Neem een pan, en doe er een scheutje olijfolie in. Laat de pan flink heet worden!
- Bak de scampi 1 à 2 minuten aan elke zijde, naargelang de dikte van de scampi. (Als je ze te lang laat bakken, worden ze taai.)

- Werk, vlak voor het serveren, de tabouleh af met snippers verse munt en koriander.

GEHAKTBROOD MET UIENSAUS, KROPSLA EN GEKOOKTE AARDAPPELEN

Bereidingstijd
60 minuten

Gehakt is wellicht een van de populairste vleesproducten. Het is budgetvriendelijk en bovendien ideaal om creatief te gebruiken in de keuken. Mijn gehaktbrood met een eenvoudige smaakvolle ajuinsaus en frisse sla valt gegarandeerd in de smaak bij jong en oud.

Ingrediënten

(4 personen)

VOOR HET GEHAKTBROOD

1 kg gemengd gehakt (kalf/varken)
2 eieren
120 g paneermeel
1 teentje look
½ busseltje peterselie
2 takjes tijm
1 takje rozemarijn
enkele klontjes boter
peper en zout

VOOR DE UIENSAUS

3 uien
1 eetlepel bloem
2 dl bruine fond (zie p. 99)
een scheut rode wijn
1 takje tijm
1 blaadje laurier
peper en zout

VOOR DE AARDAPPELEN

10 tot 12 aardappelen

VOOR DE SLA

1 kropsla
1 sjalot
½ tuiltje bieslook
olijfolie
azijn
peper en zout

Bereiding

GEHAKTBROOD

| Verwarm de oven op 170° C. Meng het gehakt in een grote schaal met de eieren, het paneermeel en een fijn geplet teentje look.

| Neem een scherp mes en hak de peterselie, de rozemarijn en de tijm zeer fijn. Voeg de kruiden toe aan het gehaktmengsel.

| Kneed flink en breng alles op smaak met peper van de molen en wat zout. Haal het gehaktmengsel uit de schaal en vorm er een stevig broodje van.

| Smelt een klont boter in een hete pan en bak het gehaktbrood aan elke zijde aan, tot het een goudgeel korstje krijgt. Hou de pan en het braadvocht bij!

| Leg het gehaktbrood in een vuurvaste ovenschotel, schik er enkele klontjes boter op en laat het 40 minuten garen in een oven op 170° C.

| Kook intussen de aardappelen gaar in gezouten water.

→

AJUINSAUS

- Snij de uien in halve ringen en bak ze bruin in dezelfde pan als het gehaktbrood.
- Bestrooi de uien met wat bloem en laat het mengsel nog enkele minuutjes verder bakken. Roer regelmatig even om.
- Blus de pan met een scheut rode wijn en voeg de tijm en de laurier toe. Laat de wijn bijna volledig uitkoken en giet er dan de bruine fond bij.
- Laat het geheel nog even inkoken en breng op smaak met wat zwarte peper en zout.

SLA

- Het gehaktbrood en de saus serveren we met een frisse eenvoudige sla. Was de kropsla onder stromend water en verwijder de buitenste bladeren. (Indien nodig kan je de sla wat versnijden.)
- Snij de sjalot in fijne ringen en versnipper de bieslook.
- Meng de sjalot en de bieslook onder de sla en voeg de olijfolie, een scheutje azijn, en peper en zout toe.

Gemengd gehakt bestaat uit zestig procent varkensvlees en veertig procent kalfsvlees. Varkensrundergehakt bestaat dan weer uit zeventig procent varken en dertig procent rund. Daar komen dan nog kruiden bij en één eitje per kilogram voor de binding. Enkel het vlees uit de schouder en de buik van het dier worden gebruikt. Het mag dan wel zo zijn dat gehakt vroeger de 'vuilbak van de slager' was omdat hij er al zijn restjes in kwijt kon, maar dat is veranderd. Nu worden enkel nog de edele stukken gebruikt.

SANDWICH VAN KIP, BACON, ROMEINSE SLA EN KOMKOMMER

Bereidingstijd
25 minuten (als je met een restje kip werkt)
60 minuten (als je verse kip wil garen)

Dit is een ideaal 'leftover-gerechtje' wanneer je bijvoorbeeld een restje kip van gisteren wil gebruiken.

Ingrediënten
(4 personen)

- 2 kippenbillen
- 4 sneetjes gezouten spek
- 1 komkommer
- enkele blaadjes Romeinse sla (of kropsla)
- 1 brood (bij voorkeur niet voorgesneden)
- 2 l groente- of kippenbouillon (zie p. 23)

VOOR DE DRESSING

- 3 zoute ansjovisfilets
- 75 g geraspte Parmezaanse kaas
- 2 dooiers
- 1 dl yoghurt
- 1 limoen (of limoensap)
- 2 dl druivenpitolie
- 1 teentje look (geplet)
- 1 pikante rode chilipeper

Bereiding

KIP

| Verwarm de bouillon en leg er de kippenbillen in. Laat ze gedurende 40 minuten rustig garen. (De bouillon hoeft niet te koken.) Haal de kip uit de bouillon wanneer het vlees van het been valt. Laat afkoelen.

| Verwijder het vel van de bouten, en pluk er al het kippenvlees af. Hak het vlees fijn.

DRESSING

| Schil en ontzaad de chilipeper. (Tip: Indien je een gasfornuis hebt, blaker de peper dan vooraf zwart boven het vuur. Daarna kan je de vrucht heel makkelijk schillen.)

| Doe de dooiers en de ansjovisfilets in een blender samen met het limoensap en de look. Mix dit geheel fijn.

| Laat de blender draaien en leng het mengsel aan met de druivenpitolie (zoals bij het maken van mayonaise). Voeg daarna de yoghurt en parmezaan toe. Mix de dressing een laatste keer en kruid met peper en eventueel een beetje zout. (De ansjovis zorgt al voor een zoute smaak.)

BROOD & SPEKJES

| Bedek een ovenplaat met bakpapier of gebruik een siliconenmatje. Leg de sneetjes spek erop en bak ze lekker krokant in de oven (op 160° C).

| Snij (per sandwich) twee stevige sneetjes brood. Bestrijk die met een beetje olijfolie en rooster ze mee in de oven.

→

AFWERKING

- Schil de komkommer en snij er de zaadjes uit (de zaadlijsten zijn erg waterachtig). Snij de komkommer in fijne blokjes en meng deze met het kippenvlees. Maak het geheel smeuïg door er een deel van de dressing aan toe te voegen. Was de sla en hou voldoende frisse blaadjes opzij.
- Bedek het onderste sneetje brood met wat sla en schik er een deel van de kippensalade op. Werk af met het krokante spek.
- Dek elke sandwich af met een tweede sneetje geroosterd brood.

GROENTE- EN KIPPENBOUILLON

Waarom kant-en-klare bouillon kopen als je zonder veel moeite thuis een verse ketel kan maken? Kippenbouillon bereiden gaat al even gemakkelijk. Dit is het recept voor een gezinsketel groente- of kippenbouillon die als basis kan dienen voor ontelbare bereidingen.

Ingrediënten

VOOR DE GROENTEBOUILLON

4 dikke wortels | 6 stengels bleekselder | 4 uien | 4 preistengels
3 l water | 15 bolletjes zwarte peper | 2 kruidnagels | 4 teentjes look
een klein bosje tijm | een klein bosje peterselie (met stengels)
4 blaadjes laurier | 2 takjes verse rozemarijn | zout naar smaak

EXTRA VOOR DE KIPPENBOUILLON

1 (soep)kip

Bereiding

GROENTEBOUILLON

- Was alle groenten grondig zodat aarde of zand verdwijnen.
- Doe het water in een grote ketel. Breng de ketel aan de kook op een matig vuur. Voeg eventueel een beetje zout toe. (Maak de bouillon op voorhand niet te zout, zodat je de kruiding later kan aanpassen aan het gerecht waarvoor je de bouillon gebruikt.)
- Snij de prei, de wortels, de selder en de uien grof. Doe de groenten en alle andere smaakmakers in de kookpot. Zet het deksel op de pot en laat alles sudderen.

EXTRA VOOR KIPPENBOUILLON

- Leg na 15 minuten sudderen de verse kip in de bouillon.
- Laat alles een uurtje verder koken op een matig vuur.
- Schuim de bouillon af en giet het mengsel door een zeef. Alle groenten en kruiden hebben hun smaak afgegeven, dus die restjes kan je weggooien.

Tip: De kip is nu perfect gegaard en klaar voor een bereiding zoals Jeroens sandwich met kip (p. 20) of een vol-au-vent (p. 80).

- Deze bouillon is de ideale basis voor tal van soepen en sauzen. Voor een meer krachtige bouillon laat je het gezeefde vocht verder inkoken.
- De bouillon kan je in porties invriezen, en binnen de komende weken gebruiken voor allerhande smakelijke gerechten.

TAJINE MET LAMSSCHOUDER, GROENTEN, KORIANDER EN MUNT

Bereidingstijd
50 minuten

In de Noord-Afrikaanse keuken worden bijzonder smakelijke stoofpotjes bereid. Als je het helemaal 'echt' wil doen, is het prettig om ze in een traditionele tajine te bereiden. Mijn recept met lamsschouder zal zeker in de smaak vallen, want het malse vlees combineert schitterend met de aromatische kruidenmix en de verse groenten. Iedereen die een klein beetje avontuurlijk durft te koken, daag ik uit om het te proberen.

Ingrediënten
(4 personen)

800 g lamsschouder of lamsnek, verdeeld in stukken
een stukje gember
2 teentjes look
2 eetlepels koriandergraan
½ eetlepel zwarte peperbolletjes
2 theelepels komijnzaadjes
1 theelepel râs al hânout (Marokkaans kruidenmengsel, verkrijgbaar in de betere supermarkt)
½ theelepel kaneelpoeder
olijfolie
2 stengels bleekselder
1 wortel
½ aubergine
½ courgette
2 eetlepels gehakte munt
2 eetlepels gehakte koriander
zout

Bereiding

- Verhit het koriandergraan, het komijnzaad en de peperbolletjes gedurende een paar minuutjes in een steelpan. Zo komen de aroma's van de kruiden vrij. Zodra de kruiden knisperen, giet je ze in de vijzel.
- Stamp de kruiden tot een fijn poeder. Voeg de look, het kaneelpoeder en de râs al hânout toe. Rasp er de gember over en voeg een scheutje olijfolie toe. Plet alles tot een smeuïge kruidige massa.

- Verwarm de tajine voor op het fornuis. (Let op, als je de tajine recent in water geweekt hebt, zal er flink wat stoom af komen! Dat is perfect normaal.)
- Versnij het lamsvlees in grote dobbelstenen, zoals ons klassieke Belgische stoofvlees. Doe de stukken lamsvlees in een kom en giet er het kruidenmengsel over. Roer even om.
- Giet een scheut olijfolie in de hete tajine en kleur hierin de gemarineerde stukken vlees aan elke zijde. Voeg vervolgens een beetje water toe en zet het deksel op de tajine. Laat het vlees een kwartier verder garen op een matig vuur.
- Maak intussen de groenten schoon en snij ze in grove stukken.

→

EXTRA MATERIAAL
vijzel
rasp
tajine

- Voeg dan de groenten toe. Leg de hardste groenten (selder, wortel) in het midden van de schaal. De zachte groenten (courgette, aubergine) leg je aan de rand van de schaal. Laat alles nog een kwartier sudderen. Voeg naar smaak een beetje zout toe.
- Controleer of alle groenten gaar zijn.

AFWERKING

- Strooi snippers verse munt en koriander over het gerecht en serveer de stoofschotel aan je tafelgenoten.
- Serveer dit gerecht bijvoorbeeld met couscous.

Als je **een traditionele tajine** voor de eerste keer gebruikt, dompel de stoofpot dan gedurende één nacht in water, en smeer nadien de binnenkant van de schaal en het deksel in met olie (bv. zonnebloemolie). Een traditionele tajine van klei kan niet gebruikt worden op een inductiekookplaat. Traditionele tajines in klei zijn al verkrijgbaar voor ongeveer 20 euro.

MACARONI MET TONIJN, COURGETTE EN KAASSAUS

Bereidingstijd
50 minuten

Ingrediënten
(4 personen)

400 g macaroni
300 g tonijn (blik)
3 courgettes
1 ui
4 takjes verse oregano
2 teentjes geperste look
peper en zout

VOOR DE KAASSAUS
30 g boter
40 g bloem
7,5 dl melk
250 g gemalen kaas (emmentaler)
sap van een halve citroen
nootmuskaat

Bereiding

COURGETTE EN TONIJN

- Snij de courgettes in blokjes en versnipper de ui. Stoof de courgettes en de ui samen met de look in een beetje olijfolie.
- Voeg de tonijn toe en meng alles door mekaar.
- Snij de oregano fijn en voeg deze toe. Kruid met wat peper van de molen en een snuifje zout.

KAASSAUS

- Smelt de boter in een kookpot op een matig tot hoog vuur. Strooi de bloem al roerend bij de boter, en laat beide samenklitten. Blijf roeren, en laat de bloemvlokken een paar minuten lichtjes bakken.
- Zet het vuur wat lager en voeg de melk toe.
- Roer met een garde door het mengsel tot er een binding ontstaat. Ga geduldig door tot je een gladde bechamelsaus bekomt.
- Kruid met peper, zout en nootmuskaat. (Kies bij voorkeur voor smaakvolle vers geraspte nootmuskaat.)
- Haal de pot van het vuur en voeg de gemalen kaas toe. Zet een vijfde van de kaas opzij om te gratineren. Als de kaas mooi gesmolten is in de saus, voeg je een scheutje citroensap toe. De citroen zorgt voor een lichte, frisse toets.

PASTA

- Kook de macaroni in een ruime pot water. Voeg een flinke snuif zout toe aan het water. Giet de pasta af, zodra hij al dente of beetgaar is.

AFWERKING

- Meng de pasta met de mix van tonijn en groenten. Meng ook de kaassaus onder het geheel en giet alles in een ruime ovenschaal. Strooi de rest van de kaas over de schotel.
- Gratineer gedurende 10 minuutjes onder een hete grill, tot de schotel een goudgeel korstje krijgt.

VERLOREN BROOD MET APPEL EN SPECULAAS

Bereidingstijd
25 minuten

Eieren zijn voedzaam, veelzijdig en niet duur. Ik gebruik ze deze keer voor een dessert of tussendoortje op basis van een klassieker. Met verse appel en krokante speculaas erbij is verloren brood gegarandeerd een winner. Dit gerechtje is ideaal om samen met de kinderen klaar te maken.

Ingrediënten
(4 personen)

8 sneetjes (oud) wit brood
16 speculaaskoekjes
2 zoete appels
2 eieren
2,5 dl melk
1 vanillestok
boter
zout
nootmuskaat (of kaneelpoeder)
een schepje kristalsuiker

Bereiding

- Klop de eieren los en voeg de koude melk toe. Voeg er een snuifje zout en een beetje vers geraspte muskaatnoot aan toe. (Je kan de muskaatnoot ook vervangen door een snuifje kaneelpoeder.)
- Snij het vanillestokje overlangs en schraap de zaadjes eruit met de punt van een mes. Voeg die toe aan het eiermengsel. Roer alles goed los en zet even opzij.
- Smeer de sneetjes brood in met een beetje boter. Leg de helft ervan opzij om straks de 'boterhammen' af te dekken.
- Snij de appels in dunne schijfjes en schik ze op de sneetjes brood. Bedek de appels met de speculaaskoekjes. Leg nu telkens het tweede sneetje brood erbovenop en druk stevig aan.
- Leg de boterhammen in een ruime ovenschaal.
- Neem het eiermengsel erbij en giet het met een pollepel over de boterhammen. Laat ze goed weken, terwijl je de boterhammen af en toe omdraait.
- Bak de boterhammen bruin in de hete boter. Bestrooi ze tijdens het bakken met een beetje suiker zodat ze lichtjes karamelliseren.

- Als je dit recept als dessert klaarmaakt, kan je er een bolletje vanille-ijs bij serveren.

Hoe maak je zelf vanillesuiker?
Stop de zaadhuls van de vanillestok in een pot kristalsuiker. Al na een paar dagen is de suiker veranderd in vanillesuiker.

VENKELSOEP MET SAFFRAAN EN SPAANSE CHORIZO

Bereidingstijd
80 minuten (het inkoken van de soep inbegrepen)

Koken met venkel vraagt voor sommige mensen een klein beetje culinaire moed. Deze groente met een zacht anijsaroma is in elke supermarkt of groentewinkel te verkrijgen, maar ze verdient het om door nog meer mensen ontdekt te worden. In Vlaanderen hebben we ook excellente venkelkwekers. In dit recept gebruik ik de venkel als soepgroente, gecombineerd met stukjes pittige Spaanse chorizo.

Ingrediënten
(4 personen)

2 venkelknollen
2 aardappelen
1 grote ui
1 teentje look
1 theelepel saffraan
een scheutje citroensap
een scheut anijslikeur (pastis)
1 steranijs
1 l kippenbouillon (zie p. 23)
een bouquet garni (zie p. 167)
½ dl room (optioneel)
een klontje boter
olijfolie
4 dikke sneden chorizo
peper en zout

Bereiding

- Versnipper de look en snij de ui in grove stukken. Doe hetzelfde met de venkel, maar hou (een deel van) de fijne groene blaadjes apart. Die gebruiken we later als garnering.
- Stoof de uien, de look en de venkel samen aan in een beetje boter. Doe dit op een matig vuur en roer alles goed om want de groenten mogen niet kleuren.
- Voeg in een kopje het citroensap en de saffraandraadjes samen en roer. Giet het felgele mengsel in de pot met groenten. Roer alles goed om.
- Giet een flinke scheut anijslikeur (pastis) in de pot. Wie van spektakel houdt, kan dit flamberen. Zo niet laat je alles even stoven, zodat de alcohol kan verdampen.
- Blus met de kippenbouillon en voeg een bouquet garni en de steranijs toe. Schil en versnijd de aardappelen en doe ze bij de soep om te binden.
- Zet het deksel op de pot en laat de soep 45 à 60 minuten pruttelen op een zacht vuurtje.
- Vis de steranijs en het kruidentuiltje uit de soep, en mix ze fijn. Als je het gerecht nog wat wil verfijnen, kan je de soep zeven en/of er de room aan toevoegen.
- Laat de gemixte soep nog even verder pruttelen op een zacht vuur.
- Snij de dikke sneetjes chorizo in kleine blokjes (brunoise). Doe een scheutje olijfolie in een pan en bak de stukjes Spaanse worst kort aan. Hou ook de roodgekleurde bakolie bij.
- Kruid de soep naar smaak met peper van de molen en wat zout.

- Serveer de soep in diepe borden en garneer elk bord met de blokjes chorizo, enkele fijne takjes venkelgroen en druppel er een beetje rode bakolie overheen.

WITLOOFSLAATJE MET APPEL, WALNOOT, OUDE KAAS EN SPEKJES

Bereidingstijd
30 minuten

Een stevige Vlaamse klassieker is mijn inspiratie om eens tegendraads te doen, gezond tegendraads. Ik verklap hoe jullie een smakelijk witloofslaatje kunnen maken, geïnspireerd op de hoofdingrediënten van de Vlaamse klassieker 'witloof in de oven'.

Ingrediënten
(4 personen)

4 sneetjes spek
3 stronkjes witloof
1 appel (granny smith)
50 g walnoten
200 g belegen kaas in blok (bv. Brugse kaas)
1 sjalot
rozijnen
tuinkers
optioneel: kervelpluksels (wilde of Romeinse kervel)

VOOR DE DRESSING
3 eetlepels zure room
een scheut appelsap
een scheutje ciderazijn
een scheut walnotenolie
een lepel honing
peper en zout

Bereiding

Verwarm de oven voor op 170° C. Leg de reepjes spek op een vel bakpapier of op een siliconenmatje en bak ze krokant in een hete oven (gedurende 10 tot 12 minuten).

Intussen maken we de dressing klaar. In een mengbeker doe je de zure room, het appelsap, een flinke scheut walnotenolie, een scheutje ciderazijn en de honing. Mix de dressing met de staafmixer, proef en voeg naar smaak een beetje zout en peper van de molen toe.

Nu bereiden we het witloofslaatje. Snij de stronkjes witloof eerst middendoor en vervolgens in niet te fijne onregelmatige stukken. Doe het witloof in een grote slakom.

Snij de appel in fijne reepjes (julienne) en voeg die bij het witloof. Schillen is niet nodig.

Strooi een handje rozijnen en de fijngesneden walnoten in de sla, samen met de pittige tuinkers. Snipper de sjalot fijn en werk er de sla mee af. Als je kervel in huis hebt, voeg dan de fijne pluksels toe. Meng alles.

Haal er de belegen kaas bij. Gebruik een dunschiller om snippers kaas over de sla te strooien.

Snij de krokante sneetjes spek in kleine stukjes en voeg ze toe aan de sla.

Giet de dressing over de gemengde witloofsalade en klaar! Serveer de witloofsla in een soepkom of een diep bord.

GROENTELOEMPIA'S MET ZOETZURE SAUS

Bereidingstijd
45 minuten

Samen kokkerellen is altijd plezant. Het is vooral prettig om samen met de kinderen te koken. Mijn recept voor groenteloempia's is de ideale kans om dit eens te proberen. Bovendien is dit recept ideaal om kinderen vertrouwd te maken met allerhande soorten groenten.

Ingrediënten
(4 stuks)

VOOR DE LOEMPIA'S
4 grote vellen loempiadeeg
4 kleine loempiavellen
1 ei
1 preistengel
2 wortels
een halve courgette
100 g oesterzwammen
4 lente-uitjes
enkele druppels sesamolie
een scheutje sojasaus
peper en zout

VOOR DE ZOETZURE SAUS
2 dl ananassap
1 eetlepel tomatenketchup
1 eetlepel tomatenpuree
1 eetlepel suiker
2 eetlepels azijn (ciderazijn, wijnazijn,...)
scheut groentesap (bv. V8)
peper en zout

EXTRA MATERIAAL
wokpan, friteuse
keukenpenseel

Voorverpakte vellen loempiadeeg kan je in een oosterse supermarkt kopen. Je kan voor deze loempia's ook brickdeeg gebruiken, dat is wel iets minder elastisch.

Bereiding

- We beginnen met de huisgemaakte zoetzure saus. In een kookpot voeg je het ananassap, de ketchup, de tomatenpuree, wat azijn en de suiker samen. Voor extra smaak voeg je ook een flinke scheut groentesap toe. Meng alles met een garde, zet het pannetje op een matig vuur en laat de saus zachtjes inkoken. Laat de saus achteraf wat afkoelen.
- Voeg indien nodig wat extra suiker, azijn of ketchup toe. Durf al eens te goochelen naar eigen smaak.
- Voor de vulling van de loempia's snijd je de groenten in julienne (hele fijne reepjes). Ik koos voor prei, lente-ui, wortel, courgette en oesterzwammen.
- Verhit een (wok)pan met wat olijfolie, en stoof daarin de fijne groenten kort aan.
- Voeg een scheutje soyasaus en enkele druppels sesamolie toe.

HOE VOUW JE DE LOEMPIA?

- Leg een groot loempiavel op je werkblad (in ruitvorm). Precies in het midden, leg je er nog een klein loempiavel bovenop, in dezelfde richting.
- Klop een ei los met een klein beetje water. Dit mengsel moet dienen als lijm om de loempia's dicht te kleven.
- Leg een portie groenten in het midden van het (kleine) loempiavel. Strijk een likje eiermengsel over het bovenste en het onderste tipje van het kleine loempiavel en rol het kleine loempiavel dicht.
- Smeer vervolgens de randen van het grote (onderliggende) loempiavel in met het eiermengsel. Vouw dit grote loempiavel rond het groentepakketje, in de vorm van een enveloppe.
- Verwarm de friteuse op 180° C. Bak de loempia's tot ze goudbruin en knapperig zijn.

- Serveer de loempia's met de ingedikte lauwwarme zoetzure saus.

TOAST CHAMPIGNON

Bereidingstijd
30 minuten

De absolute bistroklassieker is een smakelijke toast champignon. Met heel weinig ingrediënten kan je deze heerlijke smaakmaker in geen tijd op tafel toveren. Wie een beetje op de details let, kan jong en oud verrassen met een snelle hap van wereldklasse.

Ingrediënten

(4 personen)

600 g Parijse champignons
4 dikke sneden wit brood (2 cm dik)
1 fijn gesnipperde sjalot
1 eetlepel boter
een klontje boter
5 takjes platte peterselie
1 à 2 teentjes look
een klein scheutje balsamico-azijn

Bereiding

- Verwijder de broodkorsten van de sneden, waardoor je een dikke vierkante toast overhoudt.
- Smelt een klont boter in een pan, op een zacht vuur. Smeer de sneden brood aan beide zijden in met de gesmolten boter. Schuif de sneetjes brood in de oven en toast ze krokant op 175° C.
- Maak de champignons proper en snij ze in grove stukken. Versnipper ook een sjalot en plet een teentje look.
- Neem een pan en smelt er een klontje boter in, op hoog vuur. Kleur de champignons aan, en voeg tussendoor nog een klontje boter toe. Zet het vuur lager en voeg dan de sjalot en de look toe.
- Voeg de versnipperde peterselie toe. Druppel wat balsamico over de pan en voeg wat peper en zout toe. Schud alles door mekaar.

- Leg op elk bord een warme toast en schep er een royale hoeveelheid champignons over.

De **Parijse champignon** is een variëteit die in de negentiende eeuw ontstaan is in Parijs, maar die nu ook in België wordt gekweekt, onder meer in het Limburgse Riemst. De champignons lijken hetzelfde, maar er zijn toch enkele verschillen. Zo vindt de teelt in Parijs in kalkgrotten plaats, terwijl men in Limburg kweekcellen gebruikt. En de champignons uit Parijs worden verkocht met het zandvoetje er nog aan, terwijl bij de Limburgse champignons de zandvoetjes worden afgesneden.

Bij een champignon zit de meeste smaak in de lamellen, die zich onderaan de hoed bevinden.

NASI GORENG MET VARKENSBLOKJES

Bereidingstijd
35 minuten

Nasi goreng bestel je weleens bij de Chinees om de hoek, maar het is nog veel leuker om je eigen versie op tafel te zetten. De ingrediënten zijn heel budget-vriendelijk en het gerecht ligt in geen tijd te dampen in je bord. De garnalenpasta die ik gebruik, kan je vinden in grote supermarkten of in een winkel met Aziatische producten.

Ingrediënten

(4 personen)

400 g varkensvlees (doorregen, met spek doorgroeid)
400 g rijst
2 eieren
2 uien
2 lente-uitjes
4 teentjes knoflook
1 rode chilipeper
2 theelepels sambal
3 theelepels trassi (Aziatische garnalenpasta)
10 eetlepels plantaardige olie

EXTRA MATERIAAL

vijzel
wok

Bereiding

- Kook de rijst en hou de pot warm of gebruik een restje gekookte rijst.
- Neem de vijzel. Pel en snij de look grof, snij de chilipeper in stukjes en plet alles in de vijzel tot een pasta.
- Snij het varkensvlees in blokjes van ongeveer 2 x 2 cm. Verwarm de wok op een hoog vuur en giet er een scheutje plantaardige olie in. Kleur het vlees in de hete wok. Haal het aangebakken vlees uit de wok en zet het opzij.
- Versnipper de uien. Giet opnieuw een scheutje olie in de wok. Bak hierin de uisnippers aan, samen met de pasta van chilipeper en look. Stoof alles enkele minuten aan en voeg de trassi (garnalenpasta) en de sambal toe. Laat het geheel al roerend aanstoven en zet het vuur lager.
- Klop de eieren los en giet ze in het kruidige mengsel. Blijf roeren tot de eieren stollen.
- Schep de blokjes varkensvlees in de wok en meng er de gekookte rijst onder. Snipper ten slotte de lente-uitjes in fijne ringen.
- Schep de nasi in een kom of diep bord en strooi er snippers lente-ui overheen.

ZALMBURGER MET KOMKOMMERSALADE EN SALSA VERDE

Bereidingstijd
45 minuten

Wie creatief wil zijn met vis, kan er eens heerlijke burgers van maken. In dit recept gebruik ik stukjes zalm. Omdat het visvlees gemalen wordt, is het helemaal niet nodig om dure filets of een zalmhaasje te kopen.
Met een smakelijke komkommersalade erbij zal deze visburger van vrijdag-visdag een vrijdag-verrassingsdag maken.

Ingrediënten
(4 personen)

4 pitabroodjes

VOOR DE ZALMBURGERS
500 g verse zalm
1 ei
50 g paneermeel
1 eetlepel graanmosterd
peper en zout

VOOR DE KOMKOMMERSALADE
1 komkommer
5 eetlepels Griekse yoghurt (of platte kaas)
1 rode ui
1 teentje look
1 rode chilipeper
3 takjes verse dille
½ limoen
peper en zout

Bereiding

ZALMBURGERS

- Maal de stukken zalm in de vleesmolen of versnij de vis zeer fijn in een hakmolen of met een mes.
- Doe de gemalen vis in een mengkom. Voeg er de mosterd, het paneermeel en het ei aan toe. Meng alles goed door mekaar. Kruid de mix met wat peper van de molen en een snuifje zout.
- Kneed platte hamburgers van het vismengsel, en zet de visburgers in de koelkast.

KOMKOMMERSALADE

- Snij de komkommer overlangs in vier. Verwijder de waterachtige zaadhulzen van de komkommer. Snij de stukken komkommer in dunne schijfjes, en doe ze in een mengkom.
- Snij de chilipeper in de lengte en haal er de erg pikante zaadjes uit. Versnipper de chili, de rode ui en de takjes verse dille, en voeg alles bij de komkommerstukjes.
- Plet de knoflook en voeg toe aan de komkommersla. Knijp de limoen uit in de slakom en voeg er de smeuïge Griekse yoghurt aan toe.
- Meng alles en kruid naar smaak met zout en peper van de molen.

→

VOOR DE SALSA VERDE
2 koffielepels kappertjes
4 kleine augurken
1 eetlepel mosterd
100 g platte peterselieblaadjes
100 g basilicumblaadjes
250 ml fijne olijfolie (extra vergine)
een scheut azijn (bv. witte wijnazijn)
peper en zout

SALSA VERDE

- Doe de peterselie en de basilicum in de blender. Voeg ook de kappertjes, de zure augurken en de mosterd toe.
- Giet de fijne olijfolie en een scheut azijn erbij, samen met wat peper van de molen en een snuifje zout.
- Blend alles tot een smeuïge salsa. Voeg indien nodig wat extra olijfolie toe. Zo krijg je een pittige salsa verde of een 'groene saus'.

AFWERKING

- Snij een opening in de pitabroodjes en verwarm ze in de oven (170° C).
- Bak de zalmburgers in een hete pan met een scheutje olijfolie. Laat de burgers aan beide zijden zo'n 2 à 3 minuten garen en kleuren.
- Haal de pitabroodjes tijdig uit de oven.
- Schuif een krokante zalmburger in elk broodje, schep er een flinke lepel komkommersalade bij en druppel de aromatische salsa verde over de zalmburger.

FRUITSALADE VAN PEER MET SABAYON EN AMANDELCRUMBLE

Bereidingstijd
45 minuten

Ingrediënten
(4 personen)

VOOR DE PERENSALADE
1 grote rijpe peer
50 g rozijnen
1 reep witte chocolade
sap van een sinaasappel

VOOR DE SABAYON
5 dooiers
3 eierdopjes kristalsuiker
1 eierdopje vanillesuiker
2 eierdopjes witte wijn
1 eierdopje poire williams

VOOR DE AMANDELCRUMBLE
20 g bloem
20 g amandelpoeder
20 g boter
20 g bruine suiker
2 kardemompitjes (of een snuifje kardemompoeder)

EXTRA MATERIAAL
diepe glazen om het dessert in te serveren

Bereiding

AMANDELCRUMBLE

- Weeg alle ingrediënten voor de crumble zorgvuldig af, versnipper de kardemompitjes en meng alles in een schaal tot een balletje. Neem een vel bakpapier of een siliconenmatje en druk daarop het balletje plat tot een dik vel deeg.
- Bak het deeg gedurende 12 minuten op een ovenplaat, op een temperatuur van 180° C.

PERENSALADE

- Schil de peer en snij ze in fijne blokjes.
- Doe de stukjes fruit in een mengkom samen met de rozijnen, het sinaasappelsap en de fijngesneden witte chocolade.

SABAYON

- Doe de eidooiers in een steelpannetje en gebruik nu een halve eierschaal als maatbeker. Voeg de dopjes kristalsuiker, vanillesuiker, witte wijn en poire williams toe aan de eigelen.
- Klop het koude mengsel met een garde en zet het pannetje vervolgens op een zacht vuur.
- Klop het mengsel ononderbroken met de garde tot je een schuimige sabayon krijgt. Werk tijdens het kloppen vanuit de pols. (Gebruik eventueel een handmixer.)

AFWERKING

- Verdeel de fruitsalade over de glazen.
- Schenk de lauwe sabayon over de glazen met de perensalade.
- Verkruimel de lap gebakken crumbledeeg. Strooi een portie van de krokante crumble over elk glas.

CROQUE MET SARDINES, PAPRIKA EN MOZZARELLA

Bereidingstijd
90 minuten (1 uur marineren inbegrepen)

Veel mensen hebben een croque-monsieurtoestel in de kast staan. Ook daar kun je culinair mee toveren. Ik vertel jullie hoe je een originele croque kan maken die ideaal is als snack of die kan dienen als een verrassend warm aperitiefhapje. Voor de marinade gebruik ik gremolata, een klassiek Italiaans marinademengsel.

Ingrediënten
(4 personen)

8 sneetjes wit toastbrood
4 sardines
1 rode paprika
1 bol buffelmozzarella
4 takjes krulpeterselie
1 teentje look
1 citroen
1 dl olijfolie
1 dl balsamicoazijn
peper en zout

eventueel wat rucola

Bereiding

- Maak de sardines schoon en fileer ze. (Of vraag je visboer om dit voor jou te doen.)
- Hak de peterselie fijn. Rasp de citroenschil over de peterselie en voeg een scheutje citroensap toe.
- Plet de look fijn en voeg die samen met een flinke scheut olijfolie toe aan het mengsel. Voeg ook wat peper van de molen en zout toe. Dit is de gremolata.
- Marineer de gefileerde sardines in de gremolata.
- Blaker de schil van de paprika zwart in een hete oven of prik de groente op een vork en blaker ze boven het gasfornuis. Laat de paprika even afkoelen en snij de vrucht in kwartjes. Verwijder de schil en de zaadlijsten en leg de schijfjes paprika in een schaaltje met balsamicoazijn.
- Laat de visjes en de paprika een uur marineren.
- Verdeel de sardines over de helft van de sneetjes toastbrood. Leg bovenop elk schijfje brood ook een kwartje gemarineerde paprika.
- Snij de mozzarella in dikke plakjes en schik ze bovenop de paprika.
- Leg bovenop elke boterham nog een sneetje brood en druk stevig aan.
- Verwarm je croque-monsieurtoestel op medium stand en bak de croques tot het brood goudbruin ziet en de sardines gaar zijn.

- Serveer de croque als voorgerecht of snack met bv. wat rucola, of snij ze in kwartjes en dien ze op als een origineel warm aperitiefhapje.

BLOEMKOOLSOEP MET GRIJZE GARNALEN EN WATERKERS

Bereidingstijd
1 uur en 40 minuten

Ik maak een soep met de allerbeste producten van bij ons. Onze groentetelers leveren de meest smaakvolle bloemkolen, en de kwaliteit en finesse van onze grijze garnaal is van wereldklasse. Deze soep is een perfect huwelijk van beide, en ik ben er zeker van dat je gasten om een tweede bordje soep zullen vragen. Wees dus voorbereid!

Ingrediënten

(4 personen)

1 bloemkool
500 g ongepelde grijze garnalen
2 dikke uien
1 preistengel (enkel het wit)
2 stengels bleekselder
een bouquet garni (zie p. 167)
1 busseltje waterkers
4 l kippenbouillon (zie p. 23)
2 dooiers
2 dl room
een klontje boter

Bereiding

| Voor een mooie bloemkoolsoep gebruiken we licht gekleurde groenten. Gebruik van de preistengel dus alleen maar het wit.
| Snij de uien, de preistengel en de bleekselder grof. Was en versnijd de bloemkool en hou enkele roosjes apart als garnituur.
| Smelt een klontje boter in een soepkom op een matig vuur. Stoof alle groenten aan maar let op dat ze niet kleuren. Blus de groentemengeling nadien met de kippenbouillon. Voeg het bouquet garni toe en laat de soep een uur lang pruttelen op een zacht vuurtje.

| Breng in een kleine pot water aan de kook. Verdeel intussen de overgebleven roosjes bloemkool in kleine stukjes. Kook die kort beetgaar (blancheren).
| Pel de grijze garnalen. (De kopjes kan je invriezen voor andere bereidingen.)
| Verwijder het bouquet garni en mix de soep fijn. Om de soep een mooie binding te geven bereid je een liaison van de dooiers en de room: kluts de dooiers door de room in een mengkom.
| Kruid de soep naar smaak met peper van de molen en zout.
| Meng de liaison van ei en room met een garde door de soep. *Let op: de soep mag nu niét meer koken.*

| Schep de soep in de borden. Werk ze af met een portie geblancheerde roosjes bloemkool. Strooi een gulle portie grijze garnalen in de soep en werk af met enkele blaadjes van de pittige waterkers.

ROG MET KAPPERTJES EN PETERSELIEAARDAPPELEN

Bereidingstijd
40 minuten

Rogvleugel met kappertjes en peterselieaardappelen is een echte klassieker, die helaas wat vergeten geraakt is. Ik wil het gerecht absoluut weer op de kaart zetten. Rog koop je best van juli tot december. Zorg er wel voor dat je kraakverse rog koopt, en dat je de vis ook zo snel mogelijk verwerkt. Dan zet je een echte delicatesse op tafel...

Ingrediënten
(4 personen)

4 verse rogvleugels
4 eetlepels kappertjes
400 g vastkokende aardappelen
½ busseltje krulpeterselie
1 citroen
boter
bloem
peper en zout

Bereiding

- Schil de aardappelen en snij ze in de vorm van een tonnetje (pommes châteaux). Kook ze net niet gaar in een pot gezouten water.
- Strooi wat bloem op een groot bord. Haal de rogvleugels uit de koelkast en kruid ze met peper van de molen en een snuifje zout. Wentel de vis door de bloem en klop er de overtollige bloem af.
- Verhit een klont boter in een braadpan en bak de rog goudbruin aan beide zijden op een matig vuur (drie à vier minuten aan elke zijde). Vermijd dat de boter verbrandt door af en toe een klontje boter toe te voegen.
- Schep tijdens het bakken regelmatig wat braadvet over de rogvleugels, zodat de vis voldoende sappig blijft.
- Versnipper de krulpeterselie. De steeltjes gebruik je niet.
- Smelt een klontje boter in een pot en laat de aardappelen er zachtjes in bakken.
- Haal de gebakken vis uit de pan en hou hem warm. In diezelfde pan bereiden we nu de saus. Smelt een klont boter en voeg er de kappertjes aan toe. Blus de pan met het sap van een citroen.
- Meng de verse peterselie onder de aardappelen.

- Serveer de rogvleugel met enkele aardappeltjes en schep er een lepel saus overheen.

WITLOOF IN DE OVEN

Bereidingstijd
60 minuten

Ingrediënten
(4 personen)

8 stronkjes grondwitloof
8 dikke sneetjes gekookte ham (3 à 4 mm dik)
een klontje boter
nootmuskaat
een snuifje suiker
peper en zout

VOOR DE KAASSAUS
7,5 dl halfvolle melk
250 g gemalen kaas
30 g boter
40 g bloem
1 dooier
een beetje citroensap
peper en zout

Bereiding

WITLOOF EN HAM

- Met het puntje van een aardappelmesje verwijder je het harde gedeelte onderaan de witloofstronkjes. Snij een inkeping uit, zodat er geen blaadjes loskomen.
- Wie een stoomoven heeft, kan het witloof stomen. Zo niet smelt je een klontje boter samen met een beetje water in een brede kookpot. Schik de stronkjes witloof erin en zet het deksel op de pot. Gaar het witloof op een zacht vuurtje. Laat het daarna wat afkoelen en knijp het vocht eruit. (Stevig knijpen!)
- Smelt een klontje boter in een pan op een zacht vuur. Bak hierin de witloofstronkjes tot ze goudbruin zien. Kruid met peper, zout, nootmuskaat en een snuifje suiker.
- Schep de witloofstronkjes uit de pan en rol ze in de dikke sneetjes gekookte ham. Schik de witloofstronkjes in een ovenschaal.

KAASSAUS

- De basis van de saus is een bechamelsaus (zie p. 83).
- Meng de gemalen kaas door de saus. (Hou een deel kaas opzij voor de afwerking.)
- Voeg er een scheutje citroensap aan toe en kruid met peper, zout en muskaatnoot. *(Tip: roer er een dooier door als je een extra glanzende saus wil bekomen.)*

AFWERKING

- Giet de kaassaus over de witloofstronkjes totdat ze helemaal bedekt zijn. Strooi de rest van de gemalen kaas over de ovenschotel.
- Plaats de schotel ongeveer 10 minuten onder de hete grill tot er een goudgeel korstje verschijnt.

VEGETARISCHE CURRY

Bereidingstijd
50 minuten

We geraken steeds meer vertrouwd met oosterse smaken. Een geslaagde kruidenmengeling kan van hele gewone ingrediënten plots iets bijzonders maken. Deze aromatische curry is ideaal voor wie (af en toe) vegetarisch eet. Je kan er bijvoorbeeld ook een stukje gebakken kip bij eten.

Ingrediënten
(4 personen)

½ theelepel korianderzaad
½ theelepel komijnzaadjes
½ theelepel garam masala (Indisch kruidenmengsel)
½ theelepel kurkuma
1 peultje kardemom
een snuifje chilipoeder
2 zoete aardappelen
3 tomaten
2 uien
2 groene chili's
1 teentje look
100 g groene boontjes
100 g erwtjes (vers of diepvries)
100 ml kokosmelk
enkele takjes koriander
enkele takjes munt
scheutje olijfolie
peper en zout
witte rijst

Bereiding

Zet een pan op het vuur en laat ze heet worden. Strooi daar het korianderzaad en het komijnzaad in. Door de hitte geven de kruiden goed hun aroma's af. Haal de pan van het vuur zodra de kruiden knisperen.

Stamp de verse kruiden fijn in een vijzel (of maal ze in een hakmolen) en voeg de garam masala, het chilipoeder, het kurkumapoeder en de kardemom (zonder zaadhuls) toe. (Garam masala kun je makkelijk vinden in de handel.)

Verwarm een scheut olijfolie in een kookpot op een matig vuur. Snij de uien grof. Ontpit de groene chili's en snijd ze heel fijn. Plet de look. Stoof al deze ingrediënten gedurende enkele minuten.

Snijd de tomaten in grote stukken, maar verwijder wel de harde middenstukjes. Laat de tomaten meestoven en voeg ook de kruidenmix toe.

Terwijl het mengsel pruttelt, schil je de zoete aardappelen en snijd je ze in blokjes. Laat de aardappelen even meestoven en voeg de kokosmelk toe. Ook de boontjes en de erwtjes mogen er nu bij.

Proef en kruid naar smaak met peper en zout. Laat alles rustig sudderen totdat alle groenten gaar zijn.

Serveer de curry met gekookte witte rijst.

KAASTAART MET KOFFIE-AROMA

Bereidingstijd
2 uur en 20 minuten (deeg bereiden & baktijd inbegrepen)

De oude Grieken schreven al over de kunst van het maken van kaastaart. Intussen wordt ze wereldwijd gegeten. Ik geef de taart wat extra koffie-aroma. Ook wie weinig vertrouwd is met taarten bakken, kan met dit recept zonder probleem aan de slag.

Ingrediënten
(4 personen)

VOOR DE TAARTBODEM
250 g bloem
125 g boter
90 g suiker
een vanillestokje
2 eieren
een snuifje zout

VOOR DE VULLING
4 eieren
200 g suiker
een vanillestokje
80 g bloem
80 g boter
2 dl melk
500 g plattekaas
een kopje sterke koffie

Bereiding

- Maak eerst het kruimeldeeg. Doe de boter samen met de suiker en het zout in de mengkom van de keukenrobot. Start de keukenrobot op een matige snelheid.
- Schraap de zaadjes uit het vanillestokje en doe ze bij het mengsel. Meng er een volledig ei bij en een dooier. Meng verder tot een homogene massa.
- Doe de helft van de bloem erbij. Kneed even verder op medium snelheid en doe daarna het tweede deel van de bloem erbij. Verhoog nu systematisch de snelheid van de keukenrobot. Meng verder tot het deeg begint te 'bollen'.
- Haal het deeg uit de keukenrobot en kneed even met de handen. Laat het deeg voor gebruik een uur in de koelkast rusten.
- Rol het deeg uit tot een dunne lap en bedek er vervolgens de bodem en de randen van de springvorm mee.

KAASVULLING

- Snijd de vanillestok overlangs door en schraap er met een mespunt de zaadjes uit. Meng in een kookpot de melk met de boter, de huls van de vanillestok en de vanillezaadjes. Voeg ook het kopje sterke koffie toe en verhit het mengsel zonder het aan de kook te brengen.
- Breek de eieren en scheid de dooier en het eiwit. Klop de eigelen en de suiker met een garde op tot een bleke massa. Doe de bloem bij het mengsel en roer dit grondig tot een beslag.
- Vis de vanillestok uit de warme melk en giet ze bij het beslag. Roer tot het mengsel sterk is afgekoeld.
- Verwarm de oven voor op 180° C.
- Voeg de plattekaas toe aan het beslag en meng goed. Klop de eiwitten op tot een stevig schuim en spatel dit voorzichtig onder het beslag. Zo wordt je beslag luchtiger.
- Giet het taartbeslag in de springvorm en bak de taart gedurende 1 uur op 180° C.
- Laat de taart volledig afkoelen vooraleer je ze uit de vorm haalt.

SPAGHETTI MET KIP EN SHIITAKE'S

Bereidingstijd
55 minuten

In amper een uurtje zet je deze originele spaghettischotel op tafel. Voor de romige saus combineer ik kip en paddenstoelen. Die twee zijn voor mekaar geboren. De oosterse shiitake's zijn intussen overal verkrijgbaar en ze geven het gerecht een bijzonder aroma. Wie het liever helemaal klassiek houdt, kan ook Parijse champignons gebruiken.

Ingrediënten

(4 personen)

- 500 g spaghetti
- 3 kippendijen (of 3 kipfilets)
- 350 g shiitake-paddenstoelen
- 2 sjalotten
- 2 teentjes look
- 150 g Parmezaanse kaas (blokje)
- ½ busseltje peterselie
- 1 blaadje salie
- 150 ml witte wijn
- 100 ml room
- ½ limoen
- enkele takjes verse tijm
- 50 g boter
- een scheutje olijfolie

Bereiding

- Breng een grote pot gezouten water aan de kook voor de pasta.
- Intussen bereiden we de kip en de saus. Ontbeen de kippendijen en snij ze in stukjes. Je kan het vel aan het vlees laten zitten en meebakken. (Of snij de kipfilets in stukjes.)
- Maak de paddenstoelen schoon en snij ze grof. Snipper de sjalotten en plet de teentjes look.
- Smelt een klontje boter in een pot en voeg er ook een scheutje olijfolie aan toe. Bak de stukjes kip enkele minuten op een matig vuur tot ze goudbruin zijn.
- Voeg de look, de shiitake's en de sjalotsnippers toe en laat die 5 minuten meebakken.
- Blus het mengsel met de witte wijn en laat de alcohol verdampen. Voeg de verse salie toe en laat alles 5 minuten inkoken.
- Giet de room in de pot en laat de kip met de saus gedurende een kwartiertje op een zacht vuurtje pruttelen. Voeg het sap van de limoen toe en kruid naar smaak met peper van de molen en zout.
- Intussen kookt het water voor de pasta. Gaar hierin de spaghetti al dente en giet af.
- Meng de pasta onder de kip en de saus en voeg vers geraspte Parmezaanse kaas toe. *(Tip: Koop het liefst kwalitatieve Parmezaanse kaas. Zo wordt je gerecht extra smaakvol.)*
- Versnipper de peterselie en rits de blaadjes van de takjes tijm. Meng de kruiden onder de pasta. Stort alles in een schaal en rasp nog een beetje extra kaas over het gerecht.

Ik laat **pasta** altijd 1 minuut minder lang koken dan aangegeven op de verpakking.

TARTAAR VAN RODE BIET, APPEL EN GEROOKTE PALING MET MIERIKSWORTEL

Bereidingstijd
45 minuten

Voor wie een verfijnd voorgerechtje op tafel wil zetten combineer ik drie smaken die perfect samengaan: rode biet, appel en gerookte paling. (Je kan de iets duurdere paling eventueel vervangen door gerookte makreel of gerookte forel.)

Ingrediënten
(4 personen)

150 g gerookte paling (gefileerd)
½ appel (granny smith)
50 g rode bietenblad (sla)

VOOR DE SAUS
1 koffielepel mierikswortel (uit een bokaaltje)
2 eetlepels zure room
een scheutje citroensap
peper en zout

VOOR DE TARTAAR
1 grote rode biet
½ ui
4 opgelegde augurkjes
1 koffielepel kappertjes
1 eetlepel mayonaise (zie p. 167)
4 eetlepels gehakte peterselie
1 koffielepel Engelse saus (worcestersaus)
enkele druppels tabasco
enkele druppels walnotenolie
1 koffielepel witte wijnazijn of ciderazijn
peper en zout

Bereiding

TARTAAR

- Kook de rode biet ongeschild in water. Laat goed afkoelen. (Dit kan je dus op voorhand doen.)
- Schil de gare rode biet, snij ze grof en pureer de stukken in de blender.
- Hak de augurken, de kappertjes, de ajuin en de peterselie fijn.
- Meng de Engelse saus, de tabasco, de mayonaise, de ui, de kappertjes, de stukjes augurk, de azijn en de peterselie door de gepureerde biet.
- Kruid naar smaak met peper van de molen en zout.

SAUS

- Meng de zure room, de mierikswortel en het citroensap samen. Kruid naar smaak met peper en zout.

AFWERKING

- Snij de gerookte paling in gelijke stukken, ter grootte van een dobbelsteen.
- Schil de appel en snij de vrucht in kleine plakjes. Steek er rondjes uit met behulp van een kleine dresseerring.
- Vorm met behulp van twee koffielepels quenelles van de tartaar.
- Schik een drietal quenelles op elk bord. Leg rondom de quenelles blokjes gerookte paling.
- Druppel wat saus over elk stukje paling. Schik er de appelschijfjes op. Werk elk bord af met enkele druppels walnotenolie en enkele rode bietenblaadjes.

LEA

POMPOENSOEP MET GEITENKAAS EN ZWARTE-WOUDHAM

Bereidingstijd
90 minuten

Pompoensoep is een perfecte winterse smaakmaker. Ik combineer de zachte pompoensmaak met een portie geitenkaas, die een extra krachtige toets geeft aan de soep. Voeg er nog wat pittige rauwe ham aan toe, en je zal vriend en vijand verrassen met een stevig soepje.

Ingrediënten
(4 personen)

½ middelgrote pompoen (of 1 kleine pompoen)
200 g verse geitenkaas
3 sneetjes zwarte-woudham
3 uien
3 stengels groene selder
2 wortelen
1 teentje look
een bouquet garni (zie p. 167)
1 kardemompeultje
3 l kippenbouillon
een scheut olijfolie
een klontje boter

Bereiding

- Schil de pompoen en verwijder de zaadlijsten. Snijd het vruchtvlees in blokjes. Snij de uien, de groene selder en de wortelen grof. Pel de look.
- Smelt een klont boter met een scheut olijfolie in een pot. Stoof alle groenten samen met de onversneden look op een matig vuur. Pel het kardemompeultje en kneus het zaad. Voeg dit toe aan de pot met groenten.
- Laat alles enkele minuten stoven en giet er vervolgens de kippenbouillon bij. Voeg ook het bouquet garni toe. Laat alles een uurtje rustig sudderen.
- Vis het bouquet garni uit de soep. Als je dat wil, kun je ook de look uit de soep scheppen.
- Voeg de geitenkaas toe en mix de soep fijn. *(Tip: Zeef de soep voor een fijner resultaat.)*
- Snij de zwarte-woudham in fijne reepjes.
- Schep de soep in het bord en strooi er snippers ham over.

In België kennen we vooral de assepoesterpompoen en de halloweenpompoen. De eerste heeft een platte vorm en een diepe oranje kleur. De halloweenpompoen wordt dan weer vooral gebruikt om de typische halloweengezichtjes uit te snijden. Hij is minder geschikt voor bereidingen, omdat hij net iets te weinig smaak heeft.
Maar dat zijn uiteraard niet de enige soorten. Er zijn nog ontelbare pompoenvarianten die verschillen in kleur en vorm. Een delicatesse is de futsu, een zwart pompoentje dat je perfect in een ovenschotel kan gebruiken met wat olijfolie, look, peper en zout.
Andere pareltjes zijn de spaghettipompoen (waarvan het gare vruchtvlees in sliertjes loskomt), de butternut (een uitstekende bewaarpompoen) en de lady godiva die speciaal gekweekt wordt voor zijn pitten. Een uurtje op 120° C roosteren in de oven, en je hebt een heerlijk tussendoortje.

VISKOEKJES MET SELDERSALSA

Bereidingstijd
50 minuten

Ingrediënten
(4 personen)

VOOR DE SELDERSALSA
3 stengels bleekselder
3 koffielepels kappertjes
3 eetlepels bieslook (versnipperd)
1 sjalot
½ appel (jonagold of granny smith)
1 dl olijfolie
een scheut bleke azijn
peper en zout

VOOR DE VISKOEKJES
450 g schelvis
350 g loskokende aardappelen (bv. bintje)
1 ei
1 teentje look
een bouquet garni (zie p. 167)
7,5 dl melk
een scheutje limoensap
50 g bloem
panko (grof Japans paneermeel)

Bereiding

SELDERSALSA

| Schil de selderstengels met een dunschiller om dradige vezels te vermijden.
| Snij de bleekselder, de sjalot, de bieslook en de appel zeer fijn. Meng deze ingrediënten met de olijfolie en de azijn. Hoe fijner alles gesneden is, hoe smakelijker je sausje wordt. Doe er de kappertjes onversneden bij.
| Kruid naar smaak met peper en zout.

VISKOEKJES

| Breng de melk aan de kook met het teentje look en het bouquet garni.
| Gaar de aardappelen voor driekwart in de melk op een matig vuur (ongeveer 15 minuten).
| Snij de vis in grote stukken.
| Wanneer de aardappelen bijna gaar zijn, voeg je er de schelvis aan toe. Laat alles 10 minuten verder pruttelen en giet het kookvocht af.
| Haal het bouquet garni eruit en stamp de vis en de aardappelen fijn.
| Voeg naar smaak peper van de molen, zout en een scheutje limoensap toe.
| Laat de puree even afkoelen.

| Neem drie schaaltjes om de viskoekjes te paneren. Klop het ei los in één schaaltje. Strooi de bloem in het tweede en strooi panko in het derde. (Wie geen panko te pakken krijgt, kan ook traditioneel paneermeel gebruiken.)
| Vorm met de hand viskoekjes ter grootte van een kleine dikke hamburger. (Of maak er kleine aperitiefhapjes van.)
| Wentel elk viskoekje eerst door de bloem en vervolgens door het ei. Leg het koekje in de panko en zorg ervoor dat het viskoekje een egaal laagje paneermeel krijgt.
| Verhit een scheut olijfolie in de antikleefpan en bak de viskoekjes aan beide zijden mooi krokant.

| Serveer de goudbruine viskoekjes met de seldersalsa.

BALLEKES MET SELDERSAUS

Bereidingstijd
60 minuten

Selder is op z'n best in de herfst en de winter. De groente is zeer geschikt om er een heerlijke schotel met gehaktballetjes mee te maken. Misschien een leuk alternatief voor de klassieker met tomatensaus, en het is zo eenvoudig...

Ingrediënten

(4 personen)

500 g gemengd gehakt
1 teentje look
½ busseltje peterselie
peper en zout
2 eetlepels paneermeel
1 ei
1 witte selder
2 sjalotten
1 bouquet garni
(zie p. 167)
een scheutje witte wijn
2 dl room
een klontje boter

Bereiding

- Plet de look fijn met de zijkant van een breed mes en hak de peterselie.
- Doe het gehakt in een grote mengkom en voeg er het paneermeel, het ei, de geplette look en de peterselie aan toe. (Tip: Er kan ook een gesnipperde sjalot bij het gehaktmengsel, maar dan moet je deze vooraf kort aanstoven.)
- Kneed het vleesmengsel en voeg naar smaak wat zout en peper van de molen toe. Rol er egale balletjes van (zo'n 3 à 4 cm diameter). Verhit een klont boter in een pan en bak de balletjes goudbruin. De balletjes moeten nog niet doorbakken zijn, want straks garen ze verder in de seldersaus.

SELDERSAUS

- Hak de sjalotten fijn en snij de bleke stengels van de selder in kleine stukjes. Ik verkies de binnenste stengels van de groente. Wie de buitenste stengels gebruikt, kan ze beter vooraf even schillen, zodat er geen harde vezels in de pot terechtkomen.
- Smelt een klontje boter in een ruime kookpot en stoof de sjalotten en de selder aan op een matig vuur. De selder mag gerust een beetje kleuren. Maak intussen een bouquet garni, en voeg het toe aan de pot.
- Voeg een flinke scheut witte wijn toe en laat de alcohol even verdampen. (Wie niet van wijn houdt, kan ook groente- of kippenbouillon gebruiken, zie p. 23.) Schenk de room in de pot. Doe de balletjes bij dit mengsel, zet het deksel op de pot en laat alles een kwartier sudderen op een zacht vuur.

- Serveer met puree of een gekookte aardappel.

12

KABELJAUW MET PREISTOEMP EN BEURRE BLANC VAN WITBIER

Bereidingstijd
70 minuten

Vlamingen zijn dol op kabeljauw. Het is een veelzijdig product dat ook ideaal is om kinderen vis te leren eten. In de zomer en het najaar is kabeljauw volop in seizoen, daarna laten we die beestjes best hun ding doen, zodat we in de toekomst kunnen blijven genieten van deze heerlijke vis.

Ingrediënten

(4 personen)

4 stukken kabeljauwhaasje
(200 g per portie)
4 preistengels
1 kg aardappelen
(loskokend, bv. bintje)
2 flesjes witbier
1 grote ui
een bouquet garni
(zie p. 167)
een klontje boter
peper en zout

VOOR DE BEURRE BLANC

1 sjalot
150 g verse boter
een scheutje witbier
een scheutje room
sap van een halve citroen

Bereiding

PREISTOEMP

- Schil de aardappelen en kook ze in gezouten water.
- Snij de ui fijn en stoof deze aan in een pot met een klontje boter. Let op: laat de ui niet bruin bakken.
- Snij de preistengels in fijne stukjes en voeg ze toe aan de pot met uien. *Tip om makkelijk prei te wassen: snij de preistengels overlangs in twee, en hou ze onder stromend water. Alle restjes aarde en zand kan je zo gemakkelijk van tussen de bladeren verwijderen.*
- Maak een bouquet garni en voeg het toe aan de ui en de prei.
- Schenk een flesje witbier in de pot met gestoofde groenten en laat alles 15 minuten sudderen op een zacht vuurtje.

BEURRE BLANC

- Snij de sjalot heel fijn.
- Zet een pannetje op een matig vuur en giet er een bodempje witbier in, samen met de stukjes sjalot en een scheutje citroensap. Laat het bier kort inkoken, zodat ook de alcohol eruit verdampt.
- Snij intussen de koelkastkoude boter in blokjes. Voeg een scheutje room toe aan de pan en laat de saus inkoken tot een derde van het volume.
- Giet de ingekookte saus door een zeef zodat de stukjes sjalot eruit verdwijnen. (Om niets te laten verloren gaan kan je de stukjes sjalot zonder probleem toevoegen aan de pot met prei.)

- Roer met een garde door de gezeefde saus en voeg beetje bij beetje de koude klontjes boter toe. (Let op: de boter moet op een zacht vuur in de saus smelten, zodat de saus niet schift.)
- Kruid de beurre blanc naar smaak met peper van de molen en zout.

STOEMP AFWERKEN

- Verwijder het bouquet garni uit de pot met gestoofde prei. Giet de gekookte aardappelen af en schep ze bij het groentemengsel. (Voor een ideale stoemp, zorg je voor een mengeling van 2/3 groenten en 1/3 aardappelen.)
- Stamp tot een smeuïge preistoemp en voeg naar smaak wat peper en zout toe.

KABELJAUW BAKKEN

- Verwarm de oven voor op 150° C en smelt een klont boter in een ovenvaste pan, op matig vuur.
- Kruid de stukken vis met een beetje peper en een snuifje zout. Bak de stukken kabeljauw aan beide zijden, zodat ze een goudkleurig korstje krijgen. Schep regelmatig wat van het braadvet over de vis.
- Als de vis gekleurd is, zet je de pan in de voorverwarmde oven.
- Laat de kabeljauw hierin verder garen gedurende 7 minuten. Let op: lepel tussendoor wat braadvet over de vis.

AFWERKING

- Serveer elk stuk kabeljauw met een flinke schep preistoemp en lepel er wat van de botersaus met witbier overheen.

Tip: Voor een feestelijker resultaat kun je dit gerecht serveren met een portie handgepelde grijze garnaaltjes erop.

PANNA COTTA VAN YOGHURT MET VERSE ANANAS EN AMANDEL

Bereidingstijd
35 minuten (+ 4 uur opstijven in de koelkast)

Ingrediënten
(4 personen)

200 ml room
200 ml yoghurt
50 g amandelschilfers
een halve ananas
6 eetlepels honing
3 eetlepels amaretto
enkele blaadjes verse munt
2 blaadjes gelatine
een vanillestokje
1 koffielepel geraspte gember

Bereiding

PANNA COTTA

- Week de blaadjes gelatine in koud water.
- Verwarm de amaretto in een pannetje op laag vuur, en los de gelatine hierin op. (Als je geen alcoholische drank wil gebruiken, los de gelatine dan op in heet water.)
- Neem een ruime mengkom en roer hierin de room, de yoghurt en de honing door mekaar.
- Snijd een vanillestok overlangs door en schraap er met een mesje de zwarte zaadjes uit. Voeg deze ook toe aan het mengsel. Roer nu de opgeloste gelatine erdoor. Zodra je een glad en egaal mengsel hebt, verdeel je het over de glazen waarin je het dessert wil serveren.
- Giet de panna cotta in glazen en laat deze 4 uur opstijven in de koelkast. (Vul maximaal twee derde van elk glas met de panna cotta.)

ANANASSALADE

- Schil de ananas en verwijder ook de bruine 'puntjes' in het vruchtvlees. (Een broodmes is ideaal om een ananas te schillen.) Snij de ananas in schijven en vervolgens in hele fijne stukjes (brunoise). Let op, het taaie hart van de vrucht gebruik je niet.
- Rasp de verse gember en hak de munt fijn. Meng beide onder de fijne stukjes ananas.
- Strooi de amandelschilfers in een vuurvast schaaltje en laat de nootjes even kleuren onder de grill van je oven (5 à 7 minuten). Schud af en toe eens op, zodat de schilfers enkel even roosteren, en niet verbranden. (Je kan de amandelschilfers ook aankleuren in een antikleefpan op een matig vuur.)

AFWERKING

- Haal de opgesteven panna cotta uit de koelkast, en schep in elk glas een portie ananassalade. Strooi wat geroosterde amandelschilfers over elk dessertje.

GARNALENCOCKTAIL

Bereidingstijd
50 minuten

Ingrediënten
(4 personen)

1 kg ongepelde grijze garnalen
2 eieren
2 tomaten
½ kropsla
1 citroen

VOOR DE COCKTAILSAUS
4 eetlepels mayonaise (zie p. 167)
1 eetlepel ketchup
1 dl room
1 eetlepel whisky
enkele druppels tabasco

EXTRA MATERIAAL
glazen of kristallen coupes

Bereiding

- Pel de grijze garnalen en hou de kopjes bij. (Vries de garnalenkopjes in voor andere smakelijke bereidingen.)
- Kook de eieren net-niet-hard (6 à 7 minuten kooktijd) en koel ze af onder koud stromend water.
- Was de kropsla en gebruik vooral het knapperige hart van de sla. Dat is het smakelijkste stukje groen.
- Breek het hardere steeltje van de slabladeren af. Laat de sla goed uitlekken en zet opzij.

COCKTAILSAUS

- Schenk de room in een mengkom en klop deze half op met een garde (luchtig maar lopend).
- Meng de mayonaise onder de licht opgeklopte room en voeg er de ketchup, het scheutje whisky en enkele druppels tabasco aan toe.

TOMATEN

- Breng een kommetje water aan de kook.
- Snij een kruisje in de top van elke tomaat.
- Dompel elke tomaat 10 tot 12 tellen onder in het kokende water.
- Spoel de tomaten onmiddellijk met koud water en trek de schil eraf met een mesje.
- Snij elke tomaat in kwartjes en haal de pitjes eruit.

AFWERKING (VLAK VOOR HET SERVEREN)

- Snij de gekookte eieren in halfjes en snipper de slablaadjes in hele fijne reepjes.
- Versnijd het tomatenvlees in kleine blokjes.
- Gebruik ouderwetse glazen of kristalen coupes om de garnalencocktail in te serveren.
- Schik in elk glas een bodem van reepjes kropsla en schep daarover een portie tomatenblokjes.
- Strooi hierover een royale portie garnalen, lepel er wat cocktailsaus over en werk elke coupe af met een schijfje citroen.
- Serveer meteen.

RISOTTO VAN VERGETEN GROENTEN

Bereidingstijd
60 minuten

Ik combineer een klassiek Italiaans risottorecept met enkele originele smaakmakers van bij ons. De 'vergeten groenten' vragen misschien om wat extra culinair speurwerk om ze te kopen, maar tegelijk is het boeiend om eens een nieuwe groente te ontdekken.

Ingrediënten
(4 personen)

3 kervelwortels
2 pastinaakwortels
½ andijvie

3 pollepels risottorijst (arborio, vialone nano of carnaroli)
6 pollepels groentebouillon (zie p. 23)
2 uien
1 teentje look
60 g versgemalen Parmezaanse kaas
een klont boter
olijfolie
peper en zout

Bereiding

- Schil de pastinaak en de kervelwortels. Snij ze in brunoise (hele fijne blokjes). Verhit een scheutje olijfolie in een diepe pan of kookpot en stoof er de groenten in aan.
- Voeg na een paar minuten een beetje groentebouillon toe, en laat de groenten verder garen op een zacht vuur.
- Versnipper de uien en plet de verse look tot een pasta.
- Zet een ruime kookpot met een scheut olijfolie op matig vuur.
- Stoof hierin al roerend de uien en de look aan. Laat de uien niet kleuren!
- Schep vervolgens de risottorijst in de kookpot. (Basisbereiding: 1 maat rijst + 2 maten groentebouillon.) Zet het deksel op de pot en laat de rijst garen op een zacht vuur. Roer niet.
- Snij de andijvie in fijne reepjes.
- Controleer regelmatig de pot met rijst. Zodra de rijst het vocht heeft geabsorbeerd, roer je alles een keertje om.
- Voeg er de gestoofde groenten aan toe. Vermeng vervolgens ook de reepjes verse andijvie onder de risotto.
- Rasp de Parmezaanse kaas en roer deze onder het rijstmengsel. Voeg er de boter en wat peper van de molen aan toe (naar smaak). Roer alles een laatste keer om.

- Serveer de groenterisotto in een diep bord.

Pastinaak is een oude groente die vroeger vaak in stoofpotten werd gebruikt, die aardappelen verving en die ook in soepen werd gebruikt. De groente heeft een sterk aroma, met een zoete toets. Maar er zijn nog vele andere vergeten groenten. Rauwe aardpeer smaakt naar hazelnoten en je kan ze overal kweken, zelfs in de armste grond. Peterseliewortelen werden in de soep gedaan, of er werd bouillon van getrokken.

RISO

VOL-AU-VENT

Bereidingstijd
75 minuten (zonder de kippenbouillon)

Vol-au-vent is wellicht een van de meest vertrouwde Vlaamse klassiekers. Er zijn maar weinig brasseries of restaurantjes waar dit kipgerecht niet op het menu staat. Wanneer je extra zorg besteedt aan smaakmakers zoals een scheutje maderawijn en vers citroensap, dan krijg je een heel geslaagd resultaat. En waarom zou je ook niet een keertje zelf het kuipje van bladerdeeg maken?

Ingrediënten

(4 personen)

VOOR DE BLADERDEEG-KOEKJES

2 vellen bladerdeeg
1 ei

VOOR DE VIDEE (VULLING)

1 kip
250 g gehakt
250 g Parijse champignons
60 g boter
80 g bloem
1 ei
1 eetlepel broodkruim
1 teentje look
1,5 liter kippenbouillon (zie p. 23)
1,5 dl room
een scheutje maderawijn (of sherry)
citroensap
peper en zout

Bereiding

KIP

| Bereid een ketel kippenbouillon, met een volledige (soep)kip. De kip die hierin gegaard is, gebruiken we voor de vol-au-vent. Zeef de bouillon. Het overschot kan je invriezen en later gebruiken voor diverse soepen.

BLADERDEEGKOEKJES

| Maak zelf eens de bladerdeegkoekjes om de vulling in te scheppen. (Zo niet koop je ze kant-en-klaar bij de bakker.)
| Klop een dooier los met een klein beetje water. Verwarm de oven voor op 170 à 180° C.
| Steek per gebakje een zestal ringen uit het vel bladerdeeg. Je kan hiervoor een grote dresseerring gebruiken.
| Steek uit vier van elke zes lapjes een rondje met behulp van een kleinere dresseerring. Bouw elk kuipje op: onderaan een ronde lap, daarboven vier 'ringen' van bladerdeeg, en bovenaan opnieuw een ronde lap. Lijm alle onderdelen aan mekaar met de dooier.
| Strijk ook eigeel over de bovenkant van het gebakje, zodat het glanzend uit de oven komt. Gebruik een penseel of borsteltje om handig te werken.
| Bak de kuipjes in de oven tot ze luchtig en goudbruin zijn (15 à 20 minuten, 170 à 180° C).

→

VOOR DE GARNERING

een bakje tuinkers
naar keuze: frietjes
of puree

EXTRA MATERIAAL

borsteltje
grote dresseerring
(bv. diameter 80 mm)
kleine dresseerring
(bv. diameter 60 mm)

VULLING

- Meng het gehakt, samen met een ei en het broodkruim. Kruid met wat peper van de molen en zout.
- Rol het gehaktmengsel tot kleine balletjes.
- Laat de balletjes enkele minuten garen in de gezeefde bouillon op een matig vuur. (Je kan de balletjes ook even aanbakken in de pan.)
- Snij de paddenstoelen in kwartjes. Smelt een klont boter in een pan en bak de stukjes champignon in de hete boter. Voeg tijdens het bakken een geplet teentje knoflook toe (zodat de look niet kan verbranden). Laat de champignons even aankleuren en zet opzij.
- Pluk al het vlees van het karkas van de kip. Zorg ervoor dat de stukjes kip fijn genoeg zijn. Zet even opzij.
- Start de bereiding van de saus met een roux (zie p. 83).
- Zodra je een lichte biscuitgeur ruikt, schenk je een deel van de kippenbouillon in de pot. Blijf geduldig doorroeren met een garde om klontertjes te vermijden. Schenk af en toe wat bouillon bij. Na voldoende lang roeren, bekom je een gebonden maar voldoende lopende saus.
- Voeg ten slotte een scheutje maderawijn (of sherry) toe en ook de room. Roer de saus goed om.
- Voeg de gebakken paddenstoelen, de stukjes kip en de gehaktballetjes toe aan de saus. Druppel wat vers citroensap in het mengsel en kruid naar smaak met wat peper en zout. Meng alles. Het citroensap zorgt voor een subtiele frisse toets.
- Snij het dekseltje uit het bladerdeeggebakje, en schep een flinke lepel van de vulling in en rond het koekje. Werk elk bord af met een toefje tuinkers.

- Serveer de vol-au-vent naar keuze met frietjes of puree.

ROUX, BECHAMEL- EN KAASSAUS

Ingrediënten

7 dl halfvolle melk | 250 g gemalen kaas | 30 g boter | 40 g bloem
1 dooier (optioneel) | peper en zout

Bereiding

ROUX

- De basis van de saus is een roux. Smelt de boter in een kookpot en voeg de bloem toe. Laat het bloemmengsel al roerend 'opdrogen', maar let erop dat de roux niet aanbakt.

BECHAMELSAUS

- Zodra je een lekkere biscuitgeur ruikt, schenk je de melk in de pot. Blijf geduldig doorroeren met een garde tot de saus bindt.
- Als je lang genoeg geroerd hebt, krijg je een gladde bechamelsaus. (Vermijd een te dikke saus. Om te verdunnen voeg je wat extra melk toe.)

KAASSAUS

- Haal de pot van het vuur en meng de gemalen kaas door bechamelsaus.
- Voeg er een scheutje citroensap aan toe.
- Kruid de saus naar smaak met peper, zout en muskaatnoot.

Tip: **Voor een extra glanzende saus, kan je er een eierdooier door roeren.**

KONIJN MET PRUIMEN EN WITLOOFSLA

Bereidingstijd
120 minuten
(minimaal 1 uur sudderen inbegrepen)

Ingrediënten
(4 personen)

VOOR HET KONIJN
4 konijnenbouten
250 g gedroogde pruimen (eventueel ontpit)
2 sneetjes brood
een beetje pittige mosterd
3 flesjes bier (bv. Special Belge of een donker bier)
4 uien
2 takjes tijm
2 blaadjes laurier
2 kruidnagels
2 eetlepels bruine suiker
4 eetlepels bloem
een scheutje natuurazijn
boter
peper en zout

VOOR DE WITLOOFSLA
6 stronkjes witloof
2 eetlepels mayonaise (zie p. 167)
een scheutje natuurazijn
enkele takjes peterselie
peper en zout

diepvrieskroketten

Bereiding

KONIJN

- Strooi wat bloem in een schaal. Kruid de stukken konijn langs beide zijden met peper van de molen en wat zout. Wentel het vlees vervolgens even door de bloem, en tik er de overtollige bloem van af.
- Verwarm een klont boter in een ruime stoofpot op matig vuur. Leg de stukken konijn in de pot en kleur ze aan in de boter. (Het vlees moet nu niet volledig garen.)
- Schil de uien en snipper ze in fijne stukjes.
- Haal het vlees uit de pot zodra het aan beide zijden een goudbruin korstje heeft. Bak nu de uien aan in de stoofpot tot ze lichtbruin zijn. Voeg er dan de bruine suiker aan toe, zodat de uien wat karamelliseren.
- Snij de gedroogde pruimen in grove stukken. Zodra de uien goudbruin zijn, leg je het vlees weer in de pot, samen met de pruimen, de tijm, de laurier en de kruidnagels.
- Overgiet de stoofschotel met het bier.
- Om de saus te binden smeer je de pittige mosterd op het brood. Leg de boterham bovenop het konijn en zet het deksel op de pot.
- Laat het gerecht minstens een uur sudderen op een laag vuur.
- Proef de saus en controleer of het vlees helemaal gaar is. Voeg naar smaak nog wat peper van de molen en wat zout toe. Om het gerecht een beetje extra 'diepte' te geven kan je een heel klein scheutje natuurazijn in de pot doen.

WITLOOFSLA

- Je kan de witloofsla best kort voor het serveren bereiden, zodat hij fris en knapperig blijft.
- Verwijder het taaie 'kontje' uit elke stronk. Snipper het witloof zeer fijn en doe het in een schaal.
- Meng de mayonaise eronder, samen met de gehakte peterselie, wat peper van de molen en een snuifje zout. Voeg er ten slotte een scheutje natuurazijn aan toe en meng de sla goed.

- Serveer het gerecht met diepvrieskroketten of een lekkere puree.

AMANDEL-PERENTAART

Bereidingstijd
90 minuten

Zelf een taart bakken is altijd een beetje bijzonder. Het is makkelijk en volgens mij smaakt ze ook dubbel zo lekker omdat je het gebak eigenhandig gemaakt hebt. Bovendien ruikt het hele huis naar de ovenverse taart: je zal je hongerige huisgenoten goed in de gaten moeten houden, als je zelf ook een stuk wil verorberen.

Ingrediënten
(4 personen)

een rond vel bladerdeeg
2 rijpe peren (bv. doyenné)

VOOR DE AMANDELVULLING
120 g boter (op kamertemperatuur)
100 g suiker
200 g amandelpoeder
140 g bloem
2 eieren
1 dl melk
een vanillestokje

VOOR DE TOPPING
2 eetlepels kristalsuiker
een scheutje amaretto
50 g amandelschilfers

EXTRA MATERIAAL
klassieke taartvorm (diameter 23 cm)
keukenrobot of handmixer voor het beslag
een borsteltje
plastic spuitzak

Bereiding

- Smelt een klontje boter op laag vuur.
- Strijk de taartvorm in met de gesmolten boter, en bepoeder de vorm vervolgens met wat bloem. Zo zal de taart na het bakken makkelijk loskomen.
- Bedek de vorm met het vel bladerdeeg. Druk het deeg goed aan tegen de randen. Overtollig deeg snijd je af van de rand.

VULLING

- Weeg alle ingrediënten voor de vulling zorgvuldig af. Doe de bloem en het amandelpoeder in een mengschaal. Hou de suiker apart.
- In een mengbeker voeg je de melk en de eieren samen. Meng ze met een garde en voeg de zaadjes van een vanillestok toe. Hiervoor snijd je de vanillestok overlangs, en met het puntje van een mes schraap je de zwarte zaadjes uit de beide helften van de peul.
- Schep de malse boter en de suiker in de mengkom van de keukenrobot. Laat beide ingrediënten mengen tot een bleke massa. Voeg er het mengsel van melk, eieren en vanille aan toe. Laat alles even mengen, en voeg ten slotte ook de bloem en het amandelpoeder toe. Mix alles tot een egaal beslag.
- Verwarm de oven voor op 180° C.
- Schep het beslag in de spuitzak en verdeel het in brede cirkelbewegingen over de taartbodem.

→

RICA

PEREN

- Schil de rijpe peren, verwijder het klokhuis en snij de vruchten in kwartjes. *(Tip: wanneer je geen rijpe peren gebruikt, pocheer de vruchten dan vooraf.)*
- Schik de stukken peer in een stervorm op het taartbeslag. Druk ze zachtjes aan. Leg hierbij de bolle zijde van de peren naar boven, en laat de uiteindjes naar het midden wijzen.

AFWERKING

- Strooi de amandelschilfers in een schaaltje, en besprenkel ze met een scheutje amaretto.
- Giet wat kristalsuiker in een tweede schaaltje en 'paneer' hierin de vochtige amandelschilfers.
- Verdeel de gesuikerde amandelen vervolgens over het gebak.
- Bak de taart gedurende 45 minuten in de voorverwarmde oven op 180° C.
- Laat de taart nadien rustig afkoelen, en haal ze uit de vorm.

UIENSOEP MET KAASBESCHUIT

Bereidingstijd
50 minuten

Wat is er beter om de bijtende winterkou te verjagen dan een kom dampende verse uiensoep? Samen met een kaasbeschuit is het de ideale snack na schooltijd, of voor eender welk moment waarop je een opkikker kan gebruiken.

Ingrediënten

(4 personen)

10 uien
1 l verse kippen- of groentebouillon (zie p. 23)
2 eetlepels boter
2 takjes tijm
2 blaadjes laurier
1 scheutje Oxo (vloeibaar vleesextract)
peper

4 ronde beschuiten
100 g gemalen kaas (bv. emmentaler)

Bereiding

UIENSOEP

- Schil de uien en halveer ze. Snij de uien vervolgens in zeer fijne halve ringen.
- Verhit een grote pan, en laat er een klont boter in smelten.
- Bak de ajuinen op een matig vuur. Roer regelmatig om en laat de groente goudbruin kleuren. Let op: bak een grote hoeveelheid uien in twee of meerdere beurten, zodat ze egaal kunnen kleuren.
- Doe de gebakken ajuin in een grote kookpot of een soepketel. En giet er de groente- of kippenbouillon over.
- Voeg de tijm en laurier toe aan de soep en laat ze een half uur sudderen op een laag vuurtje.
- Giet voorzichtig een scheutje Oxo in de soep en proef regelmatig. (Oxo vervangt het zout.) Voeg ook wat peper van de molen toe.

KAASBESCHUIT

- Neem een ovenplaat en leg er een vel bakpapier of een siliconenmatje op.
- Schik de beschuiten op de ovenplaat en leg op elk exemplaar een royale portie gemalen kaas.
- Plaats de kaasbeschuiten ongeveer 4 minuten onder de ovengrill. Zodra de kaas gesmolten is, zijn ze klaar. Een korstje hoeft niet.

- Schep de soep in een kom en leg de kaasbeschuit er bovenop.

VERSE MARSEPEINSNOEPJES

Bereidingstijd
30 minuten

Marsepein blijft populair om taarten af te werken, maar naar het einde van het jaar toe kom je het suikergoed werkelijk overal tegen. Daar zal de Sint ongetwijfeld voor iets tussen zitten. Zelf marsepein maken is helemaal niet moeilijk, en bovendien is het erg leuk om het samen met de kinderen te doen. Je kan je fantasie de vrije loop laten om er allerhande smakelijke snoepjes van te maken.

Ingrediënten

(500 g marsepein)

250 g amandelpoeder
250 g bloemsuiker
1 ei
enkele druppels citroensap

100 g speculaas
een beetje cacaopoeder

Bereiding

VERSE MARSEPEIN

- Weeg het amandelpoeder en de suiker zorgvuldig af.
- Meng het amandelpoeder en de bloemsuiker in een ruime schaal.
- Breek het ei in een apart schaaltje en scheid de dooier en het eiwit. Voeg het eiwit toe aan de mix van amandelen en suiker. Het eigeel gebruiken we niet.
- Kneed alles tot een solide bol marsepein. Neem daar genoeg tijd voor!
- Voeg enkele druppels citroensap toe aan de marsepein, en kneed nog even verder. Het citroensap brengt de smaken wat in balans.

Tip: je kan de marsepein een extra aroma geven door een klein scheutje amaretto toe te voegen of wat amandelextract.

MARSEPEINSNOEPJES

- **Voorbeeld 1:** Blend of mix de speculaas fijn, en kneed de gemalen koekjes onder de marsepein. Rol balletjes van de speculaasmarsepein en wentel ze ook nog even door wat gemalen speculaas.
- **Voorbeeld 2**: Rol balletjes van de marsepein en wentel ze door wat cacaopoeder.

PIZZA 'BAGUETTE'

Bereidingstijd
40 minuten

Ingrediënten
(4 personen)

2 ciabattabroden (of een dik stokbrood)
16 dunne sneetjes pancetta (of gerookt spek)
3 bollen mozzarella (liefst buffelmozzarella)
12 ontpitte zwarte olijven
1 schaaltje of zakje rucola
een scheutje olijfolie
een scheutje balsamicoazijn
zwarte peper
zout

VOOR DE TOMATENSAUS
8 tomaten
2 teentjes look
10 eetlepels zongedroogde tomaten (op olie)
4 ansjovisfilets
2 koffielepels tomatenpuree
½ busseltje basilicum
½ busseltje oregano
zwarte peper
zout

EXTRA MATERIAAL
blender of staafmixer

Bereiding

TOMATENSAUS

- Breng een pannetje water aan de kook. Snij intussen een kruisje in de top van elke tomaat. Dompel de tomaten 15 tellen lang onder in het hete water. Spoel ze onmiddellijk onder koud stromend water. Nu kan je heel eenvoudig de schil verwijderen. (Deze techniek heet emonderen.)
- Verdeel elke tomaat in vier, verwijder de zaadjes, en snijd het vruchtvlees in blokjes.
- Doe de zongedroogde tomaatjes in de blender, samen met de ansjovis, de look en de tomatenpuree. Mix alles tot een egale dikke saus.
- Doe de saus in een kom en roer er de stukjes verse tomaat onder. Voeg ook de fijngesnipperde oregano en basilicum toe. Kruid de saus naar smaak met wat peper van de molen en zout. (Wie van een beetje extra pit houdt, kan er wat sambal aan toevoegen.)

AFWERKING

- Verwarm de oven voor op 180° C.
- Snij het brood overlangs door, en sprenkel over elke broodhelft wat olijfolie.
- Laat het brood zo'n 5 minuten toasten in de hete oven.
- Hou de pancetta (of het spek) bij de hand en snijd de bollen mozzarella in schijfjes.
- Haal het brood uit de oven en strijk elk stuk in met een royale portie van de dikke saus. (Het is eigenlijk een tapenade.) Hou de oven warm, want dadelijk moeten we de pizza's nog even bakken.
- Schik op elke broodpizza een viertal sneetjes pancetta. Leg daarbovenop enkele plakjes mozzarella. Strooi wat zwarte peper over de kaas en werk de pizza's af met enkele ontpitte zwarte olijven.
- Bak de pizza 'baguette' ongeveer 15 minuten in een oven van 180° C, tot de mozzarella een goudbruin korstje heeft.
- Serveer de pizza's met erbovenop wat verse rucola, gemengd met een scheutje olijfolie en enkele druppels balsamicoazijn. Dit slaatje geeft het gerecht extra frisheid.

SINT-JAKOBSNOOTJES MET ZWARTE PENS, BOSPADDENSTOELEN EN EEN KNOLSELDERSOEPJE

Bereidingstijd
90 minuten

Ingrediënten
(4 personen)

4 hele sint-jakobsschelpen (of verse sint-jakobsnootjes)
1 zwarte pens
peper en zout

VOOR DE DUXELLE
300 g bospaddenstoelen (een mengeling van bv. *trompettes de la mort*, cantharellen, gele stekelzwam...)
1 sjalot
1 teentje look
1 dl rundfond (zie p. 99)
peper en zout
een klontje boter

VOOR DE KNOLSELDERSOEP
2 uien
½ knolselder
1 teentje look
2 dl witte wijn
4 dl kippenbouillon (zie p. 23)
2 dl room
1 bouquet garni (zie p. 167)
peper en zout

Bereiding

KNOLSELDERSOEPJE

- Schil de knolselder en snij deze in blokjes. Snipper de uien en de look grof. Maak een bouquet garni.
- Smelt een klontje boter in een ruime pot en stoof daarin de uien, look en blokjes knolselder op een matig vuur. Let erop dat de groenten niet kleuren, want je bereidt een bleke soep.
- Na een tiental minuten schenk je de witte wijn in de pot. Laat de alcohol even verdampen en schenk er vervolgens ook de kippenbouillon bij.
- Laat de soep een halfuurtje sudderen op een laag vuur. Intussen kan je de duxelle klaarmaken en de sint-jakobsnootjes voorbereiden.
- Na dat halfuur kan je de soep afwerken. Verwijder het bouquet garni, voeg de room toe en mix de soep zeer fijn. Kruid de soep naar smaak met peper van de molen en zout. Voor een fluweelzacht resultaat kan je de soep ook zeven.

DUXELLE VAN BOSPADDENSTOELEN

- We bereiden een duxelle van bospaddenstoelen: je zou dit een fijne ragout van paddenstoelen kunnen noemen. Het is een smaakvolle garnering voor tal van gerechten.
- Snipper het sjalotje fijn en plet de look met de vlakke kant van je mes.
- Maak (indien nodig) de paddenstoelen schoon met een droog doekje of een borsteltje. Als de onderkant van de steeltjes verhard is, dan kan je die afsnijden.
- Snij met een scherp mes de paddenstoelen in zeer fijne stukjes. (Gebruik zeker geen blender of mixer.)
- Smelt een klontje boter in een braadpan, en bak daarin de sjalot, look en stukjes paddenstoel op een matig vuur. Schenk er na enkele minuten wat rundfond bij, roer om en laat alles enkele minuten rustig inkoken. Kruid met een beetje peper en zout.
- Zodra het geheel smeuïg en niet meer lopend is, is de duxelle klaar.

→

SINT-JAKOBSNOOTJES MET ZWARTE PENS

- Gebruik een scherp mes om de coquilles te openen. Snij het nootje los, pal tegen de vlakke kant van de schelp.
- Schep de inhoud van de schelp los met een lepel, en verwijder de ingewanden van de zeevrucht omheen het bleke nootje. (Vraag eventueel aan de visboer om dit voor je te doen.)
- Deze schelpen spelen graag in de modderige zeebodem. Daarom is het zeer belangrijk om ze zeer goed te spoelen. Doe de nootjes in een vergiet en zet ze een tiental minuten onder een straaltje koud stromend water.
- Leg de zeevruchten nadien op een propere keukendoek, laat ze uitlekken en dep ze voorzichtig droog.
- Snij de zwarte pens in dikke schijfjes (ongeveer 1 cm dik). Reken op één schijfje per sint-jakobsnootje.
- Bak de nootjes én de zwarte pens vlak voor het serveren. Gebruik twee kleine braadpannen, waarin je een klontje boter en een scheutje olijfolie verhit. Zodra het braadvet heet is, kan je bakken.
- Leg de droge sint-jakobsnootjes in de ene pan, de schijfjes zwarte pens in de tweede. Houd alles goed in de gaten en draai op tijd om. Kruid de nootjes tijdens het bakken met wat peper en zout.

Tip: Laat de zeevruchten niet droog bakken, want de binnenkant moet nog een beetje rauw blijven. Bak de nootjes gedurende 1,5 tot 2 minuten aan elke zijde. Hou het kort en krachtig!

AFWERKING

- Serveer dit voorgerecht in een diep bord. Gebruik twee eetlepels om een quenelle van de duxelle te vormen. Leg het ronde pakketje in het midden van het bord.
- Plaats in elk bord een sint-jakobsnootje en schik er een schijfje zwarte pens langs. Schenk er een lepel van de bleke knolseldersoep omheen.
- En ten slotte... Zorg ervoor dat je tafelgasten vork, mes en lepel hebben om dit voorgerechtje zonder gesmos te verorberen!

RUNDFOND

Verse rundfond kan je gemakkelijk en zonder veel moeite thuis maken.

Ingrediënten

1 kg runderschenkel | 350 g spekzwoerden | 200 g wortels | 100 g uien
200 g selder | enkele takjes tijm | 3 blaadjes laurier | 3 teentjes look
10 bolletjes peper | 2 eetlepels tomatenpuree | rode wijn | water

Bereiding

- Leg de schenkels en het zwoerd in een ovenschaal en steek ze in een voorverwarmde oven op 180° C.
- Haal ze er na een uur terug uit en besmeer ze met tomatenpuree. Leg er de grof gesneden wortel, ui en selder op.
- Steek de ovenschaal opnieuw in de oven gedurende een halfuur.
- Stort de inhoud van de ovenschaal in de ketel. Zet de ovenschaal op een vuur, en deglaceer met de rode wijn. Roer met een klopper goed op de bodem van de ovenschaal, zodat alle vastgebakken deeltjes loskomen – dat geeft de beste smaak.
- Voeg het roerbaksel en het koude water bij de schenkels tot ze onder water staan en zet de fond op een heel zacht vuurtje.
- Voeg de peperbollen, look, tijm en laurier toe.
- Laat rustig trekken en koken gedurende 7 tot 8 uur.
- Zeef het geheel en laat nog eens inkoken.

CHOCOLADEMOUSSE MET VANILLESAUS

Bereidingstijd
60 minuten (opstijven en afkoelen inbegrepen)

Hier hoeft weinig uitleg bij, vermoed ik. Chocomousse is wellicht hét nummer 1-dessert. Met een lepel vanillesaus erbij smaakt het eens zo lekker.

Ingrediënten
(4 personen)

VOOR DE CHOCOLADEMOUSSE
200 g donkere chocolade (fondant)
6 eieren
100 g suiker
3,75 dl room

VOOR DE VANILLESAUS OF CRÈME ANGLAISE
5 dl melk
4 eieren
150 g suiker
1 vanillestok

EXTRA MATERIAAL
handmixer of keukenmachine

Bereiding

CHOCOLADEMOUSSE

- Smelt de chocolade au bain-marie. Verhit water in een kookpot en plaats hierin een tweede pot. Gebruik die om de chocolade rustig te laten smelten.
- Scheid de dooiers en de eiwitten voor de chocolademousse. Doe de eigelen in een grote mengkom, en klop ze los samen met de suiker. Giet de suiker in delen bij het dooiermengsel. Hiervoor kan je een keukenrobot of handmixer gebruiken.
- Klop alles tot er een schuimige bleke massa ontstaat. Giet de gesmolten chocolade bij het eiermengsel. Spatel alles door elkaar.
- In een zeer propere en vetvrije mengkom klop je de eiwitten tot een vast schuim. Een perfecte chocolademousse is zo luchtig mogelijk.
- Spatel het eiwitschuim voorzichtig en geduldig onder het chocolademengsel. Voeg het eiwit in delen toe!
- Schenk de room in een mengbeker en klop deze half op. Het mag geen slagroom worden.
- Spatel de luchtige room door het mengsel, giet vervolgens alles over in een serveerschaal en laat de mousse enkele uren opstijven in de koelkast.

VANILLESAUS (CRÈME ANGLAISE)

- Breng de melk aan de kook, samen met de vanillestok. Snij de vanillepeul overlangs door en schraap er met een mespunt de zaadjes uit. Laat zowel de zaadjes als de peul meekoken. Zet de melk daarna op een matig vuurtje.

- We herhalen nu een bewerking die we ook voor de mousse deden. Doe de eigelen in een grote mengkom en klop ze los samen met de suiker. Klop alles tot er een schuimige bleke massa ontstaat (een ruban).
- Verwijder de vanillepeul en giet een klein deel van de hete melk bij het suiker-eigeel-mengsel. Klop alles met een garde tot een egale saus.
- Zet de pan met de rest van de vanillemelk op een zacht vuurtje. De melk mag niet koken! Giet het mengsel van eigeel en suiker bij de warme melk. Blijf geduldig roeren tot de saus bindt.
- Doe de lepeltest: de crème anglaise is voldoende gebonden als een vingerveeg een spoor achterlaat op de lepel.
- Giet de vanillesaus in een schaal en laat deze een uurtje afkoelen in de koelkast.

AFWERKING

- Schep een 'spiegel' vanillesaus op de bodem van een plat bord. Dompel een eetlepel even in warm water en rol nu een mooie bol chocolademousse uit de kom. Rasp eventueel wat chocolade over het bord om het extra mooi af te werken.

LAUWE HERFSTSLA MET KIP, CROUTONS EN BLAUWE KAAS

Bereidingstijd
60 minuten

Ingrediënten
(4 personen)

VOOR HET KIPSLAATJE
2 kipfilets
150 g veldsla
1 radicchio (of roodloof)
4 sneetjes oud brood
50 g walnoten
½ busseltje waterkers
olijfolie
een klontje boter
peper en zout

VOOR DE DRESSING
100 g blauwe schimmelkaas (bv. Pas de Bleu)
1 ei
2 eetlepels mosterd
6 eetlepels notenolie
1 eetlepel ciderazijn
peper

Bereiding

SLA

- Scheur fijne takjes veldsla en waterkers los. Verdeel de radicchio in losse blaadjes. (Een radicchio is een bolle rode sla.)
- Spoel de veldsla, de waterkers en de blaadjes radicchio in veel water, zodat er geen zand of aarde meer in achterblijft. Zwier de sla droog en giet het groen in een grote schaal.
- Hak de walnoten grof, voeg ze bij de sla.

CROUTONS

- Doe een klontje boter samen met een scheutje olijfolie in een braadpan, en verhit ze op hoog vuur.
- Snij de korstjes van de sneetjes brood en snij het broodkruim in vierkantjes van 2 x 2 cm.
- Kleur de croutons goudbruin in de pan. Schud ze regelmatig op zodat ze egaal bruinen.
- Strooi de croutons in een schaaltje met een vel keukenpapier erin en laat ze even uitlekken. Het papier slorpt het overtollige vet op.

DRESSING

- Verbrokkel de blauwe kaas in een pannetje. Zorg ervoor dat je de korst van de kaas niet gebruikt. Giet er een scheutje kokend water op en smelt de kaas op een zacht vuur.
- Neem een mengschaal en doe daarin het eigeel, een scheutje ciderazijn en de mosterd. Klop het mengsel los met een garde en voeg beetje bij beetje de notenolie toe.
- Wanneer het sausje gebonden is, voeg je er de gesmolten blauwe kaas aan toe. Kruid met peper van de molen en indien nodig met een snuifje zout.

KIP

- Snij de kipfilets in fijne reepjes. Smelt een klontje boter in een pan en kleur daarin de stukjes kip. Zorg ervoor dat de kip doorbakken is, maar laat het vlees niet uitdrogen.

AFWERKING

- Schep de warme kippenstukjes over de sla, strooi er de croutons bovenop en werk af met een portie van de dressing. Meng alles en serveer meteen.

ZEEDUIVEL EN GEPLETTE AARDAPPEL MET ANDIJVIE EN BACON

Bereidingstijd
45 minuten

Zeeduivel heeft nooit prijzen gewonnen tijdens schoonheidswedstrijden, maar de vis is tegenwoordig een delicatesse. Zijn lelijke kop wordt vaak meteen na de vangst verwijderd. Wat overblijft is het staartstuk, en daarom wordt zeeduivel ook wel staartvis genoemd. In combinatie met geplette aardappelen met andijvie en bacon zet je een stevige en tegelijk verfijnde maaltijd op de tafel. De (eerder dure) zeeduivel kan je eventueel vervangen door een ander stukje stevige witte vis.

Ingrediënten
(4 personen)

4 filets van zeeduivel (of staartvis)
8 sneetjes (magere) bacon
1 kg aardappelen (loskokend)
1 andijvie
2 eetlepels zure room
2 sjalotten
1 teentje look
enkele takjes verse dragon
4 eetlepels notenolie
2 eetlepels xeresazijn (of sherryazijn)
een klontje boter
olijfolie

Bereiding

- Kies voor filet van zeeduivel en vraag de visboer om de stukken vis vooraf te ontvliezen.

GEPLETTE AARDAPPEL MET ANDIJVIE EN BACON

- Kook de aardappelen gaar in gezouten water. Giet ze af en zet de pot even opzij.
- Pel de sjalotten, snij ze middendoor en versnipper ze heel fijn met een scherp mesje. Snij de look in stukjes en plet deze met de brede zijkant van je mes tot een puree.
- Verhit een flinke scheut olijfolie in een stoofpot of hoge pan en fruit hierin de sjalot en de look op een zacht vuurtje.
- Snij de bacon in fijne reepjes. *(Tip: Rol de sneetjes bacon samen op, en snij ze zo makkelijk en snel in fijne reepjes.)*
- Doe de bacon in de pot met sjalotten en laat het vlees enkele minuten meestoven (niet krokant bakken!).
- Maak de blaadjes van de andijvie los en maak de groente schoon. Laat de andijvie uitlekken en snij deze in brede repen. (Mogelijk hoef je slechts een deel van de andijvie te gebruiken, afhankelijk van hoe groot de groente is.)
- Giet de aardappelen in de pot met sjalot en bacon en prak ze met een vork. Zorg ervoor dat je voldoende 'brokken' aardappel overhoudt, want het mag geen puree worden.

→

- Doe nu ook de repen andijvie in de pot, en roer alles om. Door de hitte in de pot zal de andijvie zacht garen.
- Voeg de zure room toe, samen met wat fijngesnipperde verse dragon. Spatel alles door elkaar en voeg naar smaak wat peper en zout toe. Proef tot je het gewenste resultaat verkrijgt.

ZEEDUIVEL

- Zet een braadpan op het vuur en verhit hierin een klontje boter en een scheutje olijfolie. De boter zorgt voor de smaak, de olijfolie voorkomt dat het braadvet verbrandt.
- Bak de vis in de hete pan zodra de boter lichtbruin kleurt. Reken gemiddeld op een baktijd van 2 à 3 minuten aan elke zijde. Houd de pan goed in de gaten, en zorg ervoor dat de vis niet te gaar wordt en uitdroogt. *(Tip: Prik even in de vis. Als je geen weerstand voelt, is de vis gaar.)*

VINAIGRETTE

- In een schaaltje meng je de notenolie en de xeresazijn (of sherryazijn). Voeg wat peper van de molen en zout toe. Kluts het mengsel tot een eenvoudige vinaigrette.

AFWERKING

- Serveer een flinke schep van de aardappelen met andijvie, met daarbovenop een stuk gebakken vis. Druppel er een lepeltje van de vinaigrette overheen.

VISFUMET

Een lekkere visfumet is ideaal voor sauzen en soepen. Net zoals andere bouillons en fonds kan je visfumet invriezen per portie.

Ingrediënten

4 visgraten | 3 stengels bleekselder | 2 uien | takje tijm | 3 blaadjes laurier
3 teentjes look | 10 bolletjes peper | 1 citroen | 8 stengels peterselie
5 dl witte wijn | 2 l water | 1 snuifje zout

Bereiding

- Stoof eerst de ui en de selder aan in een beetje boter. Doe er de visgraten bij en laat die even meestoven.
- Blus met de witte wijn.
- Voeg het koude water toe en breng aan de kook.
- Doe er de peperbolletjes, de tijm, de laurier en de peterseliestengels bij. Voeg ook de citroen en de look toe.
- Breng aan de kook op een zacht vuurtje en laat dan een halfuur trekken.
- Zeven en klaar!

PASTA ALLA PUTTANESCA

Bereidingstijd
40 minuten

Als het snel moet gaan, of als je een grote groep mensen zonder te veel moeite een smakelijke maaltijd wil voorzetten, dan is dit de perfecte pastaschotel. Dit kan echt iedereen klaarmaken! Als je de ansjovis weglaat, is het bovendien een ideaal gerechtje voor wie vegetarisch eet. Voeg in dat geval wel wat extra zout toe.

Ingrediënten

(4 personen)

- 400 g spaghetti
- 4 tomaten
- 75 g zoute ansjovis op olie
- 75 g zwarte olijven (ontpit)
- 75 g Parmezaanse kaas
- 2 sjalotten
- 1 teentje knoflook
- 3 eetlepels steelkappertjes
- 1 dl olijfolie
- 1 busseltje bladpeterselie
- peper en zout

Bereiding

- Pel de sjalotten, snijd ze middendoor en snipper ze vervolgens in dunne halve ringen. Verwijder het steeltje van de grote kappers en hak ze grof. Deze steelkappers geven de pasta een frisse toets. Zet ook even het mes in de zwarte olijven. Snij de zoute ansjovis in stukjes, en houd alle ingrediënten opzij.
- Zet een ruime pot water op, maar voeg niet te veel zout toe. (De ansjovis zorgt in dit gerecht al voor de zoute toets.)
- Gebruik het kokende water tussendoor om de tomaten te ontvellen (emonderen). Snij daarvoor een kruisje in de top van elke tomaat. Dompel elke tomaat 12 tot 15 tellen onder in het kokende water. Spoel de tomaten onmiddellijk met koud water en trek de schil eraf met een mesje. Snij elke tomaat in kwartjes en haal de pitjes eruit. Het vruchtvlees hak je vervolgens grof.
- Kook de pasta beetgaar of al dente (volgens de instructies op de verpakking). Giet de pasta af, en zet hem even opzij.
- Pel de look en plet hem tot pulp met de brede zijde van je koksmes. Verhit een flinke scheut olijfolie in een ruime kookpot.
- Voeg de sjalotten, look, kappers, olijven, ansjovis en stukjes tomaat toe. Stoof alles zo'n 5 minuten lang in de hete olie, op een matig vuur. Roer regelmatig. Alle ingrediënten moeten in elkaar 'versmolten' zijn.
- Giet de pasta over in de pot met saus. Meng alle ingrediënten zorgvuldig door mekaar. Voeg een flinke snuif peper van de molen toe.
- Snipper een flinke hoeveelheid bladpeterselie. Strooi de peterselie in de pot en roer alles een laatste keer om.

- Stort het gerecht in een ruime schaal, strooi flink wat schilfers Parmezaanse kaas over de pasta en serveer meteen.

TOMPOES

Bereidingstijd
70 minuten

Waarom zou je niet zelf een keertje voor banketbakker spelen en een 'pateeke' maken? Een tompoes gaat er bij iedereen vlotjes in, zeker als je trots kan vertellen dat jij helemaal zelf voor het gebak bij de koffie hebt gezorgd. Moeilijk is het niet, je moet er enkel even de tijd voor nemen.

Ingrediënten

(12 kleine tompoezen)

VOOR DE BLADERDEEG-KOEKJES

1 groot vel bladerdeeg (kant-en-klaar)

VOOR DE BANKET-BAKKERSROOM (PUDDING)

1 l melk
12 eigelen
180 g suiker
40 g maïszetmeel (maïzena)
30 g bloem
1 vanillestok

VOOR HET SUIKER-GLAZUUR (ICING)

1 eiwit
250 g bloemsuiker
een scheutje water

EXTRA MATERIAAL

(plastic) spuitzak
keukenmachine of hand-mixer

Bereiding

BANKETBAKKERSROOM (PUDDING)

- Meet de hoeveelheid melk nauwkeurig af en breng ze in een hoge pan (of een klassieke kookpot) tegen het kookpunt aan. Doe dit op een zacht vuur zodat de melk niet gaat overkoken.
- Snij de vanillestok overlangs door en schraap er met een mespunt de zaadjes uit. Doe de zaadjes én de peul in de melk.
- Neem er de keukenmachine of een handmixer bij.
- Weeg de hoeveelheid suiker zorgvuldig af, en doe hetzelfde met de bloem en het maïszetmeel (maïzena).
- Scheid de eieren en doe de dooiers in de mengpot van de machine of de mixer. (Houd een deel van het eiwit apart, want dit heb je later nodig om het suikerglazuur te maken.)
- Klop de eigelen los en voeg er de suiker aan toe. Blijf mixen tot je een bleke luchtige massa krijgt (een ruban).
- Voeg nu de bloem en het maïszetmeel toe en klop alles goed los. Giet een klein deel van de warme vanillemelk bij het beslag. Mix de melk er even door.
- Giet het eierbeslag over in de pan met melk. Nu moet de pudding indikken op een zacht vuur. Blijf roeren. Zodra de eerste luchtbellen naar boven komen, zou je pudding de gewenste dikte moeten hebben, en is de bereiding klaar.
- Verwijder de vanillepeul en giet de warme pudding in een ruime schaal. Strijk het oppervlak glad en leg vershoudfolie op de pudding. Nu kan alles afkoelen zonder dat er zich een verhard 'vel' op vormt.
- Plaats de schaal in de koelkast.

➔

BLADERDEEGKOEKJES

- Verwarm de oven voor op 170° C. Rol het vel bladerdeeg uit op je werkblad en snij het in lange repen van zo'n 10 cm breed.
- Neem een ovenplaat waarop je een vel bakpapier legt (of een siliconenmatje), met daarbovenop de repen bladerdeeg.
- Om tegengewicht te hebben plaats je een tweede ovenschaal bovenop het deeg. Zo zal het bladerdeeg tijdens het bakken niet grillig opblazen.
- Bak de vellen bladerdeeg in de voorverwarmde oven (170° C) gedurende 25 à 30 minuten.

SUIKERGLAZUUR

- Intussen kan je het suikerglazuur bereiden (de 'icing'). Meng hiervoor de bloemsuiker met een eiwit en een scheutje water. Roer tot je een dikke matwitte suikerstroop krijgt.

AFWERKING

- Haal de lappen gebakken bladerdeeg uit de oven. Snij ze warm in rechthoekjes en gebruik liefst een gekarteld (brood)mes. Laat de koekjes nu verder afkoelen.
- Haal de gekoelde pudding uit de koelkast en schep alles in een plastic spuitzak.
- Knip de tip van de spuitzak en spuit een royale laag pudding op de helft van de bladerdeegkoekjes.
- Spatel op de andere helft van de koekjes een dun laagje van het suikerglazuur. Smeer het suikermengsel egaal uit.
- Leg een geglazuurd koekje bovenop elk bladerdeegkoekje met pudding.

WORTEL-KOKOSSOEP MET CURRY EN KORIANDER

Bereidingstijd
60 minuten (kooktijd soep inbegrepen)

Wortel is wellicht een van de eerste groenten die we in onze kinderjaren leerden eten. Ik gebruik de populaire groente om er een soep van te maken met een exotisch tintje. Curry en wortels gaan perfect samen, en ik gebruik geen room maar kokosmelk om de soep af te werken. Het is een recept dat zowel geschikt is voor een doordeweekse dag, als voor een dinertje met familie of vrienden. De basis voor de soep is kippenbouillon.

Ingrediënten
(4 personen)

minimaal 2,5 l kippenbouillon (zie p. 23)

10 dikke wortels
½ bleke selder
2 uien
1 teentje look
2,5 dl kokosmelk
1 eetlepel (verse) gele currypasta
2 takjes tijm
2 laurierblaadjes
enkele takjes verse koriander
1 klontje boter
peper en zout

optie: 150 g kip in stukjes uit de kippenbouillon of blokjes gerookte kip

Bereiding

- Pel de uien en snij ze grof. Zet een ruime stoofpot op een matig vuur. Smelt een klontje boter en stoof de stukjes ui aan. Let erop dat de uien niet te fel bakken en daardoor gaan kleuren. Pel en kneus de look, en laat het hele teentje meestoven met de uien.
- Was de selderstengels grondig en snij ze in grove stukken. Schil de wortels en snij er het kontje en de tip af. Snij de groente vervolgens in schijfjes.
- Doe de stukjes selder en wortel ook in de pot en laat de groenten enkele minuten meestoven. Roer alles regelmatig even om.
- Maak of verwarm de kippenbouillon. Zeef de bouillon alvorens je deze gebruikt in de wortelsoep.

Tip: **Als je verse kippenbouillon gebruikt, kan je het vlees van de kip gebruiken als extra garnituur voor de soep. Snij of scheur hiervoor het kippenvlees in fijne stukjes. Als garnituur kan je ook stukjes gerookte kip gebruiken.**

- Schep de (gezeefde) kippenbouillon bij de gestoofde groenten.
- Bind de tijm en de laurier samen tot een bouquet garni en leg dit in de soep.
- Zet het deksel op de pot en laat de soep minstens 30 minuten sudderen op een zacht vuur.
- Verwijder het bouquet garni en mix de soep zeer fijn. (Voeg indien nodig wat extra (gezeefde) kippenbouillon toe, tot je de gewenste dikte van soep verkrijgt.)
- Schep wat van de currypasta in de soep en voeg de kokosmelk toe. Dit geeft de soep een exotisch tintje. Roer alles om, of zet de mixer nog even in de soep. Kruid de soep naar smaak met peper van de molen en wat zout.
- Schep soep in de borden en werk ze af met enkele blaadjes verse koriander en (indien voorhanden) een portie van de stukjes kip.

SATÉS VAN KONIJN MET EEN MANGODIP

Bereidingstijd
45 minuten

Ingrediënten
(8 aperitiefhapjes)

VOOR DE MANGODIP
1 mango
1 sjalot
½ teentje look
3 eetlepels suiker
2 eetlepels rijstazijn (of bleke wijnazijn)
1 dl witte wijn
een scheutje arachideolie

VOOR DE SATÉS
4 rugfilets van konijn
150 g panko (Japans broodkruim) of klassiek paneermeel
2 eieren
3 eetlepels bloem
3 eetlepels sesamzaadjes
peper en zout

EXTRA MATERIAAL
8 lange satéstokjes

Bereiding

MANGODIP

- Snipper de sjalot grof en snij de look in stukjes. Verhit een beetje plantaardige olie in een pan en stoof op een matig vuur de sjalot en de look.
- Schil de mango en snij zoveel mogelijk vruchtvlees van rond de grote pit. Snij de stukjes fruit in grove stukken en laat ze meestoven met de sjalot en de look.
- Giet een scheut witte wijn in de pan en doe er ook wat suiker en een scheutje rijstazijn (of wijnazijn) bij.
- Laat alles sudderen op een zacht vuur tot er een vorm van confituur ontstaat (15 à 20 minuten).
- Stort het gare fruitmengsel in de blender en mix het tot een gladde dipsaus. Giet de warme saus in een serveerschaaltje en laat ze goed afkoelen.

SATÉ VAN KONIJN

- Neem drie schaaltjes om de stukjes konijn te paneren. Klop het ei los in één schaaltje. Kruid het ei met peper van de molen en wat zout. Strooi de bloem in het tweede schaaltje en strooi panko in het derde. Meng de sesamzaadjes onder de panko (of het klassieke paneermeel).
- Haal het konijnenvlees uit de koelkast. Verwijder met een scherp mes het vliesje dat rond de rugfilets zit en snij elke filet in twee gelijke stukken. (Je kan de poelier ook vragen om het vlies vooraf te verwijderen.)
- Wentel elk stukje vlees eerst door de bloem en vervolgens door het ei. Leg het ten slotte in de panko met de sesamzaadjes en zorg ervoor dat elk stukje rugfilet een egaal laagje paneersel krijgt.
- Verhit de friteuse op 180° C. Bak dan de stukjes konijn krokant. Een bakbeurt duurt ongeveer 3 minuten.

- Prik elk stukje vlees op een stevige satéstok en serveer de hapjes warm op een feestelijk bordje, samen met een potje mangodipsaus erbij.

ZALMTARTAAR MET WATERKERSSALADE

Bereidingstijd
60 minuten

Rauwe vis schrikt sommige koks al eens af, maar dat is volkomen onterecht. Meer zelfs: een tartaar van rauwe zalm met een fris slaatje is ideaal als voorgerecht. De zuren zetten meteen de spijsvertering in gang, waardoor je met een licht gevoel aan het hoofdgerecht kan beginnen.

Ingrediënten

(4 personen)

VOOR DE TARTAAR

400 g verse zalm (filet of haasje)
1 sjalot
2 eetlepels fijngehakte bieslook
2 eetlepels olijfolie
sojasaus
graanmosterd
een citroen

VOOR DE MIERIKSWORTELSAUS

2 eetlepels yoghurt
2 eetlepels zure room
1 koffielepel mierikswortel (in bokaaltje)

Bereiding

ZALMTARTAAR

Gebruik ontvelde zalmfilet voor dit gerecht. Versnij de zalm zeer fijn met een vlijmscherp mes. Hoe doe je dat? Snij de zalm eerst in repen. Snij deze repen op hun beurt nog eens in reepjes, en snij die ten slotte in hele kleine stukjes. *(Let op: doe de zalm niet in een blender of hakmolen, want dan krijg je puree.)*

Tip: Voor een licht gerookte toets in dit gerecht, kan je een klein beetje gerookte zalm fijnsnijden en mengen onder de verse zalm.

Doe de vis in een mengschaal en voeg er zeer fijn gesnipperde sjalot en bieslook aan toe.

Voeg een beetje graanmosterd toe, een scheutje olijfolie en enkele druppels sojasaus. (De sojasaus zorgt voor een lichte zoute toets, dus gebruik geen extra zout.)

Meng alle ingrediënten en voeg een scheutje vers citroensap toe. Proef en voeg naar smaak wat peper toe. Meng de tartaar en zet opzij.

MIERIKSWORTELSAUS

Voor het sausje voeg je een schep pittige mierikswortel (gepureerd), de zure room, verse yoghurt en vers citroensap samen. Meng alles met wat peper van de molen en een snuifje zout.

➔

VOOR DE WATERKERSSALADE
1 bakje tuinkers
1 busseltje wilde waterkers
1 appel (bv. jonagold)
1 daikon (of enkele radijsjes)
(Daikon is een lange witte Aziatische radijs met een zachte smaak)
30 g walnoten
notenolie
ciderazijn

4 sneetjes brood (bv. toastbrood)
zwarte peper en zout

EXTRA MATERIAAL
dresseer- of uitsteekring (diameter ca. 8 cm)

WATERKERSSALADE

- Maak de waterkers en tuinkers schoon in koud water. Zorg ervoor dat er geen zand of aarde in achterblijft. Laat de sla goed uitlekken.
- Snij een stuk van de daikon in flinterdunne schijfjes. Snij deze op hun beurt in hele fijne reepjes (julienne). (Indien je radijsjes gebruikt, snij er dan enkele op identieke wijze.)
- Schil de appel en snipper ook deze in hele fijne reepjes. Hak enkele walnoten fijn.
- Doe de waterkers, de tuinkers, de daikon (of radijs), de appel en de stukjes walnoot in een slakom. Meng de sla voorzichtig met de hand, zodat je de slablaadjes niet beschadigt.
- Druppel wat ciderazijn en notenolie over de sla. Voeg wat peper van de molen toe.

TOAST

- Verwarm de oven voor op 160° C.
- Druk met een brede dresseerring rondjes uit het brood (één per persoon). Leg de sneetjes brood op een ovenschaal met een vel bakpapier of een siliconenmatje. Sprenkel over elk broodje enkele druppels olijfolie en toast ze gedurende enkele minuten in de oven (op 160° C).

AFWERKING

- Plaats op elk bord een warme toast. Plaats de dresseerring over de toast en schep hierin wat zalmtartaar. Druk het mengsel voorzichtig aan met de bolle kant van de lepel.
- Werk het voorgerechtje af met een toefje van de sla bovenop de tartaar.
- Verwijder de ring en druppel een lepeltje van de saus rond het gerechtje.

TOMATENSOEP MET GARNAAL EN RODENBACH

Bereidingstijd
Garnalenbouillon:
60 minuten (kan vooraf)
Tomatensoep:
40 minuten

Ingrediënten
(4 personen)

500 g ongepelde grijze garnalen

VOOR DE GARNALENBOUILLON
2 uien
3 wortels
enkele stengels selder (met de blaadjes)
2 teentjes knoflook
2 steranijsvruchten
een fles witte wijn
2 l water
bouquet garni (zie p.167)
olijfolie
peper en zout

VOOR DE SOEP
3 uien
2 blikken tomatenvlees (400 g/blik)
2 flesjes Rodenbach
200 g abdijkaas (blok, bv. chimay)
200 g smeerkaas (bij voorkeur abdijkaas, bv. chimay)
1 teentje knoflook
olijfolie
peper en zout

Bereiding

BOUILLON (OF FUMET) VAN GARNALEN

- Grijze garnaaltjes zijn bijzonder smaakvol, de koppen en pantsers van de beestjes zijn ideaal om er een garnalenfumet van te maken, als basis voor de soep.
- Schil de uien en snij ze in grove stukken. De wortels hoef je niet te schillen. Maak ze schoon en snij ze in dikke stukken. Was ook de selderstengels en snij ze grof.
- Zet een ruime kookpot op het vuur en verhit hierin een scheut olijfolie. Pel de garnalen en doe de garnaalkoppen en -pantsers in de pot en bak ze al roerend op een hoog vuur. Zo geven ze veel smaak vrij.
- Na enkele minuten laat je ook de groenten meestoven.
- Kneus de look en gooi die samen met de steranijs en een bouquet garni in de pot. Blijf regelmatig roeren, zodat niets kan aanbranden.
- Zet het vuur lager en blus de pot met de witte wijn. Laat de alcohol even verdampen en giet er nu ook het water bij.
- Laat de fumet een halfuur trekken op een zacht vuur.
- Zeef de bouillon en hou een deel apart om de soep af te werken. Overschot kan je invriezen voor later.

TOMATENSOEP

- Pel de uien en snij ze grof. Snij de look in stukjes. Zet een ruime pot op het vuur en verhit hierin een scheutje olijfolie. Stoof de uien en de look aan op een matig vuur. Laat de groenten niet kleuren.
- Zet het vuur op een laag pitje en voeg de smeerkaas toe. Laat de kaas rustig smelten en schenk het Rodenbach-bier erbij. Roer de soep en voeg nu ook de tomatenstukjes uit blik toe.
- Laat de soep enkele minuten pruttelen en voeg de gezeefde garnalenbouillon toe.
- Mix de soep grondig. Om een extra zacht resultaat te krijgen kan je de soep ook nog eens zeven. Kruid de soep naar smaak met zwarte peper van de molen en wat zout. Mix ze nog kort even.

AFWERKING

- Verwijder de kaaskorst en snij de halfharde abdijkaas in kubusjes. Leg in elk bord een portie kaasblokjes. Strooi daarover een royale portie verse garnalen. Schep de warme soep errond.

WILDRAGOUT MET WITLOOF, PADDENSTOELEN EN VEENBESSEN

Bereidingstijd
150 minuten (sudderen van de ragout inbegrepen)

Naar goede gewoonte gebruik ik eerlijke, echte producten van bij ons. Hertenstoofvlees, bijvoorbeeld: dat heeft veel meer smaak dan een filet en is tegelijk veel budgetvriendelijker. En bestaat er iets lekkerder?

Ingrediënten
(4 personen)

VOOR DE RAGOUT

- 1,5 kg stoofvlees van hert (schouder)
- 3 uien
- 1 fles rode wijn
- 1 grote eetlepel bloem
- 3 eetlepels veenbessenconfituur
- een bouquet garni (zie p. 167)
- 2 kruidnagels
- 4 jeneverbessen
- peper en zout
- boter

VOOR HET WITLOOF

- 4 stronkjes grondwitloof
- nootmuskaat
- een snuifje suiker
- boter
- peper en zout

VOOR DE VEENBESSEN

- 250 g veenbessen
- 2 dl water
- 2 à 3 eetlepels suiker

Bereiding

RAGOUT

- Pel de uien en snipper ze redelijk grof. Verwarm een ruime stoofpot op een matig vuur. Smelt er een klontje boter in en voeg de uien toe. Laat de uien bruin bakken, waardoor ze een zoetere smaak krijgen. Roer regelmatig om.
- Verwarm een braadpan op hoog vuur en smelt er een klontje boter in. Korst hierin de stukjes hertenvlees. (Een grote hoeveelheid vlees bak je liefst in meerdere beurten. Er mag niet te veel vlees in de pan liggen.) Kruid het vlees tijdens het aankleuren met wat peper van de molen en een snuifje zout. De stukken vlees hoeven binnenin niet gaar te zijn.
- Houd de braadpan even aan de kant.
- Voeg het vlees bij de gebakken uien en strooi er wat bloem over. Dit zal de ragout een beetje binden. Meng goed en laat de bloem enkele minuten meebakken op een zacht vuur.
- Giet de wijn in de braadpan waarin je het vlees hebt gebakken. Roer alle aanbaksels los en laat de alcohol wat verdampen (deglaceren).
- Giet de warme wijn in de stoofpot.
- Kneus de jeneverbessen en stop ze samen met de kruidnagel in een thee-ei. Leg het thee-ei samen met een bouquet garni in de stoofpot met vlees. Doe ook wat veenbessenconfituur in de pot en roer alles om. Laat het gerecht een tweetal uurtjes sudderen op een zacht vuur.

VOOR DE PADDENSTOELEN

200 g bospaddenstoelen (een mengeling van bv. trompettes de la mort, cantharellen en gele stekelzwam)
1 sjalot
1 teentje look
boter
peper en zout

diepvrieskroketten

EXTRA MATERIAAL

thee-ei

VEENBESSENSAUS

- Doe de verse veenbessen in een kookpot, schenk er water bij en voeg de suiker toe. Laat de bessen een halfuurtje sudderen op een zacht vuur.

WITLOOFSTRONKJES

- Met het puntje van een aardappelmesje verwijder je het harde gedeelte onderaan de witloofstronkjes. Snij een kegelvormige inkeping, zodat er geen blaadjes loskomen.
- Wie een stoomoven bezit, kan het witloof stomen. Zo niet smelt je een klontje boter samen met een beetje water in een brede kookpot. Schik de stronkjes witloof erin en zet het deksel op de pot. Gaar het witloof op een zacht vuurtje. Laat daarna het witloof wat afkoelen en knijp het vocht eruit.
- Smelt een klontje boter in een pan op een zacht vuur. Bak hierin de witloofstronkjes tot ze licht goudbruin zijn. Kruid met peper, zout, nootmuskaat en een snuifje suiker.

BOSPADDENSTOELEN

- Snipper de sjalot fijn en plet de look met de vlakke kant van je mes.
- Maak (indien nodig) de paddenstoelen schoon met een droog doekje of een borsteltje. Als de onderkant van de steeltjes verhard is, dan kan je die afsnijden.
- Snij de grotere paddenstoelen met een scherp mes in stukken.
- Smelt een klontje boter in een braadpan en bak daarin de sjalot, look en paddenstoelen op een matig vuur.
- Kruid af met peper uit de molen en een snuifje zout.

AFWERKING

- Haal het bouquet garni en het thee-eitje met kruiden uit de ragout.
- Bak kroketjes. (Of maak een aardappelbereiding naar keuze.)
- Serveer een schep ragout met een stronkje witloof, wat gebakken paddenstoelen, een lepeltje veenbessensaus en enkele kroketten.

PROFITEROLES MET IJS EN CHOCOLADESAUS

Bereidingstijd
60 minuten

Ingrediënten
(25 à 30 soesjes)

VOOR DE PROFITEROLES
5 eieren
100 g boter
180 g bloem (patisseriebloem)
2,5 dl water
1 vanillestok
snuifje zout

0,5 l vanille-ijs

VOOR DE CHOCOLADESAUS
200 g donkere chocolade
100 g suiker
een klontje boter
1 dl water

EXTRA MATERIAAL
plastic spuitzak
ijsschepper
bakpapier

Bereiding

SOESJES

- Weeg alle ingrediënten zorgvuldig af.
- Zet een kookpot op een matig vuur en giet het water in de pot. Voeg er de boter bij en de zaadjes uit de vanillestok. Snij de vanillestok overlangs door en schraap met een mespuntje de zaadjes uit de beide helften van de peul.
- Laat de boter smelten en giet dan de bloem in de pot. Zet het vuur op een laag pitje en meng alle ingrediënten met een houten lepel, tot ze samenklitten tot een deegje.
- Haal de pot van het vuur en voeg nu de eieren een voor een toe. Meng tussendoor krachtig tot elk ei in het beslag verwerkt is. Dit vraagt een beetje inspanning! Om je een idee te geven: het beslag moet de dikte hebben van stopverf.
- Voeg een snuifje zout toe, meng goed en vul de spuitzak met het soezenbeslag.
- Verwarm de oven voor op 180° C. Houd de ovenplaat aan de kant. Bedek de ovenplaat met een vel bakpapier of een siliconenmatje.
- Knip het tipje van de spuitzak en spuit egale toefjes beslag op de bakplaat. Laat voldoende ruimte tussen de porties beslag, want het volume zal tijdens het bakken verdubbelen. Kies voor porties die half het volume hebben van de inhoud van je ijsschepper. Gebruik een aardappelmesje om na elke spuitbeweging het deeg los te snijden van de spuitzak. Zo kan je heel netjes werken.
- Bak de soesjes gedurende 25 minuten in een oven van 180° C, en laat ze nadien even afkoelen.

Tip: **Je kan de soesjes al een dag eerder bakken. Bewaar ze in een afgesloten doos. Wanneer je wil serveren, verstuif dan wat water over de bolletjes en zet ze nog heel even in een warme oven.**

CHOCOLADESAUS

- Zet een steelpannetje op het vuur en doe het water en de suiker erin. Breng het mengsel aan de kook, zodat er een bleke suikersiroop ontstaat.
- Breek de chocolade in stukken en smelt ze in de siroop. Roer voortdurend met een garde, tot je een glanzende saus bekomt.
- Meng ten slotte een klontje koude boter door de saus.

AFWERKING

- Snij de gebakken soesjes middendoor. Gebruik hiervoor een gekarteld mes. Leg op elk half soesje een bolletje vanille-ijs. Plaats er de hoedjes op, en serveer de profiteroles met een flinke lepel warme chocoladesaus.

RILLETTES VAN GEROOKTE MAKREEL MET LOOKBROODJES

Bereidingstijd
Rillettes: 25 minuten
(+ 2 uur in de koelkast)
Lookbroodjes:
15 minuten

Ingrediënten
(4 personen)

VOOR DE RILLETTES (1 POT)

- een gerookte makreel (of een filet van 200 g)
- 75 g ganzenvet
- ½ busseltje verse bieslook
- ½ citroen
- snuifje cayennepeper
- peper en zout
- vers stokbrood

VOOR DE LOOKBROODJES

- 100 g boter (op kamertemperatuur)
- 1 teentje knoflook
- ½ citroen
- Provençaalse kruiden
- grof zeezout
- zwarte peper
- vers stokbrood of ciabatta

EXTRA MATERIAAL

- keukenmachine

Bereiding

RILLETTES VAN GEROOKTE MAKREEL

- Verwijder de kop van de makreel, en halveer de gerookte vis. Verwijder zorgvuldig de grote visgraat. Aan de zijkant van elke filet zitten nog fijne graatjes. Trek deze eruit. Je kan natuurlijk ook met een filet werken: dan kan je deze stap overslaan.
- Breek het visvlees in stukjes en check ondertussen dat er geen graatjes meer in zitten.
- Smelt het ganzenvet in een pannetje op laag vuur.
- Doe de stukjes gerookte makreel in de mengbeker van de keukenmachine. Plaats het hulpstuk voor beslag in de machine. Gebruik eventueel een handmixer, maar geen staafmixer, want in dat geval zal de vis gepureerd worden.
- Laat de machine kort draaien, waardoor het visvlees verkleind wordt. Laat de machine nu verder draaien op een lage snelheid, en voeg het gesmolten ganzenvet beetje bij beetje toe aan de mengkom.
- Neem de pot van de machine. Voeg een kleine snuif cayennepeper toe. (Voorzichtig, want deze peper is bijzonder krachtig.)
  Voeg vervolgens ook het verse citroensap toe en een portie zeer fijn gesnipperde bieslook.
- Schep het mengsel in een potje waarin je het later zal serveren. Laat de rillettes afkoelen en opstijven in de koelkast (tot 2 uur).

LOOKBROODJES

- Haal de boter uit de koelkast en laat ze mals worden. Pel de look en plet hem fijn met de platte kant van je keukenmes.
- Verwarm intussen de oven voor op 180° C.
- Meng de lookpuree onder de malse boter. Voeg een snuifje Provençaalse kruiden toe, een scheutje vers citroensap, een snuifje 'crispy' grof zeezout en zwarte peper van de molen.
- Snij het brood (stokbrood of ciabatta) in sneetjes van zo'n 2 cm dik.
- Smeer de sneetjes brood in met een portie van de lookboter en schik ze op een ovenschaal. Laat het brood enkele minuten toasten in de hete oven (180° C).

- Serveer de pot rillettes met de warme broodjes. Smeren maar!

LASAGNE

Bereidingstijd
90 minuten
(incl. 30 min. baktijd)

Een verse lasagne is puur *comfort food*. Met weinig tijd en enkele eenvoudige budgetvriendelijke ingrediënten zet je een forse schotel op de tafel. Je kan deze snelle lasagne ook op voorhand maken, zodat je de dag erop in een halfuurtje tijd de borden royaal kan vullen met een dampende Italiaanse klassieker.

Ingrediënten

(4 personen)

500 g gemengd gehakt
24 lasagnevellen
2 uien
1 teentje look
2 wortels
1 courgette
250 g Parijse champignons
1 eetlepel sambal (optioneel)
1 dl rode wijn
0,75 l tomatenpulp of passata
1 takje verse oregano
enkele blaadjes verse basilicum
1 koffielepel Provençaalse kruiden (gedroogd)
olijfolie
peper en zout

VOOR DE KAASSAUS
30 g boter
30 g bloem
4 dl melk
200 g gemalen kaas
nootmuskaat
peper en zout

Bereiding

TOMATENSAUS MET GEHAKT

- Zet een ruime kookpot op een matig vuur. Giet er een scheutje olijfolie in. Bak het gehakt in de hete olijfolie. Roer regelmatig om.
- Pel de uien en snipper ze fijn. Plet de look tot pulp. Voeg de uien en de look toe aan het gehakt en laat ze meestoven.
- Schil de wortels, snij het topje en het kontje eraf. Snij ze in hele fijne stukjes (brunoise). Doe hetzelfde met de ongeschilde courgette. Voeg de stukjes wortel en courgette toe aan het gehakt.
- Maak (indien nodig) de paddenstoelen schoon met een droog borsteltje. Snij ze in grove stukken, bv. in kwartjes. Doe ze ook in de kookpot. Laat het gehakt en de groenten verder stoven op een zacht vuur.
- Snipper de verse oregano en de blaadjes basilicum fijn en laat ze meestoven. Je kan als je wil ook verse tijm en rozemarijn toevoegen. Strooi de gedroogde Provençaalse kruiden bij het gehakt en de groenten. Roer alles goed om.
- Wie van een beetje pit houdt, voegt een lepeltje sambal toe.
- Schenk de rode wijn bij het gehakt en laat de wijn even uitkoken. Voeg ten slotte de tomatenpulp of passata toe en laat de saus nog 10 minuten sudderen op een zacht vuurtje. Proef en kruid de saus met wat zout en peper van de molen.

→

KAASSAUS

- De basis van de saus is een roux. Smelt de boter in een kookpot en voeg de bloem toe. Laat het bloemmengsel al roerend 'opdrogen', maar let erop dat de roux niet aanbakt. Zodra je een lekkere biscuitgeur ruikt, schenk je de melk in de pot. Blijf geduldig doorroeren met een garde tot de saus bindt. Na voldoende lang roeren krijg je een gladde bechamelsaus. (Vermijd een te dikke saus. Om de saus te verdunnen, voeg je wat extra melk toe.)
- Haal de pot van het vuur en meng de helft van de gemalen kaas door de saus. De rest van de kaas houd je apart voor de afwerking. Kruid de saus naar smaak met peper, zout en nootmuskaat.

AFWERKING

- Verwarm de oven voor op 180° C. Giet een dun laagje kaassaus op de bodem van de ovenschotel. Leg daarop een eerste laag van de droge lasagnevellen. Schik ze als dakpannen, maar probeer te vermijden dat de vellen elkaar te veel overlappen. Dan krijg je te dikke lagen pastadeeg.
- Schep daar de eerste laag tomatensaus bovenop en strijk ze egaal uit over het hele oppervlak van de schotel. Ongeveer 1 cm saus is ideaal.
- Schik daar een tweede laag lasagnevellen bovenop. Wissel saus en lasagnevellen af tot de ovenschaal net niet gevuld is. Zorg ervoor dat er bovenaan een laagje van de tomatensaus ligt.
- Schenk nu de rest van de kaassaus in de schotel en verdeel ze egaal over de hele oppervlakte van de schotel. Strooi de rest van de gemalen kaas er overheen.
- Bak de lasagne gedurende 30 minuten in een oven van 180° C.

Tip: Als je deze lasagne een dag op voorhand maakt, dek de schaal dan goed af met vershoudfolie en plaats ze in de koelkast.

BLADERDEEGTAARTJE MET GEROOSTERDE GROENTEN EN MOZZARELLA

Bereidingstijd
70 minuten
(incl. 40 min. baktijd)

Ingrediënten
(4 personen, 2 groentetaarten)

1 courgette
2 rode paprika's
1 aubergine
1 bol mozzarella
2 vellen uitgerold bladerdeeg
4 takjes tijm
2 takjes rozemarijn
enkele blaadjes basilicum
2 teentjes look
0,5 dl olijfolie
peper en zout

rucola (eventueel)

EXTRA MATERIAAL
grillpan

Bereiding

KRUIDENOLIE

- Rits de blaadjes van de takjes tijm en rozemarijn. Snipper de kruiden fijn met een scherp mes. Pel de look, snipper de teentjes fijn en plet ze vervolgens tot pulp.
- Doe de kruiden en de look in een schaaltje. Giet de olijfolie erbij en meng alles goed. Kruid de olie met wat peper van de molen en een snuifje zout. Zet het schaaltje aan de kant.

GROENTETAART

- Snij de rode paprika's in twee en verwijder de zaadlijsten. Schil ze met een dunschiller. Snij elke halve paprika nog eens in twee.
- De aubergine en de courgette hoef je niet te schillen: snij ze in schijfjes van 1 à 1,5 cm breed.
- Zet de grillpan op een hoog vuur en laat ze gloeiend heet worden. Plaats een schaal in de buurt.
- Gril de schijfjes aubergine kort en krachtig (ongeveer 30 sec. aan elke zijde). Haal ze van de grillpan en leg ze in een schotel. Gril de schijfjes courgette op dezelfde manier, en ten slotte ook de stukken paprika. Paprika grilt trager, dus laat de groente voldoende lang in de grillpan liggen.
- Neem de schaal met vers gegrilde groenten. Strijk de stukken paprika, courgette en aubergine in met de kruidenolie.
- Verwarm de oven voor op 180° C. Rol het bladerdeeg uit en leg het op een ovenschaal of een ovenrooster. Zorg ervoor dat het deeg op een vel bakpapier ligt.
- Schik de groenten in het midden van de lap deeg. Houd een randje deeg onbedekt en plooi dit rondom naar binnen. Strijk nu ook de randen van het deeg in met de kruidenolie.
- Snij de mozzarella in stukjes of schijfjes en schik de kaas over de groentetaart. Bak de taart gedurende ongeveer 40 minuten in een oven, op een temperatuur van 180° C.
- Leg ten slotte enkele blaadjes verse basilicum op de warme taart en druppel er wat olijfolie over.

- Serveer warm, eventueel met wat verse rucola erbij.

HUTSEPOT VAN SPRUITJES EN ROOKWORST

Bereidingstijd
50 minuten

Spruitjes hebben bij veel mensen een slecht imago, en toch beschouw ik ze als een groente waar we trots op moeten zijn. Over de hele wereld kennen en eten mensen *Brussels sprouts*, van New York tot Singapore. Ik maak er een eenvoudige hutsepot van, met een onvervalste rookworst erbij. Eerlijke winterse gezelligheid in een bord.

Ingrediënten

(4 personen)

750 g verse spruitjes
800 g aardappelen (loskokend)
3 uien
minstens 1 rookworst
0,6 l kippenbouillon (zie p. 23)
4 takjes verse tijm
4 blaadjes laurier
een flinke klont boter
nootmuskaat
peper en zout

Bereiding

- Zet een ruime stoofpot op een matig vuur en laat hierin een flinke klont boter smelten.
- Pel de uien, snij ze middendoor en versnipper ze. De stukjes ui hoeven niet extra fijn gesneden te zijn. Stoof de stukjes ui glazig in de gesmolten boter.
- Controleer of de spruitjes goed schoongemaakt werden. Spoel ze even onder stromend water en snij elke spruit vervolgens in kwartjes. (De duurdere, handgeplukte spruitjes zijn bij aankoop doorgaans zorgvuldiger schoongemaakt.)
- Als de uien enkele minuten gestoofd hebben, voeg je er de kwartjes spruit aan toe. Het is niet nodig om ze vooraf te koken, omdat we zoveel mogelijk smaak willen behouden in de hutsepot.
- Schil de aardappelen. Roer intussen regelmatig even in de pot met spruitjes, zodat ze niet aanbakken. Snij de aardappelen in grove stukken, en voeg ze toe aan de pot met spruitjes. Het zetmeel van de aardappelen zal voor een mooie binding zorgen.
- Bevochtig het groentemengsel met verse, gezeefde kippenbouillon.
- Bind de takjes tijm samen met enkele blaadjes laurier. Ze vormen het bouquet garni dat voor extra smaak zal zorgen. Als je verse laurier verkiest boven gedroogde, mag je er iets meer van gebruiken. Leg het kruidentuiltje in de pot en laat het z'n werk doen.
- Snij de rookworst in hapklare stukjes of schijfjes. Voeg het vlees toe aan de hutsepot en zet het deksel op de pot. Laat alles zo'n 20 minuten stoven op een zacht vuur.
- Een hutsepot mag niet geprakt worden, zoals een stoemp. Alles regelmatig eens flink door elkaar schudden of 'hutsen', zorgt voor het perfecte resultaat.
- Proef van de hutsepot en kruid naar smaak met vers geraspte nootmuskaat, zwarte peper van de molen en wat zout.
- Serveer de dampende winterse hutsepot in een diep bord. Met een lepel erbij smaakt deze onvervalste boerenkost extra authentiek...

LOEMPIA VAN BANAAN MET CHOCOLADESAUS

Bereidingstijd
20 minuten

Soms mag een mens zich eens extra verwennen. Of misschien ben je gewoon nog op zoek naar een verrassend dessertje?

Ingrediënten
(12 kleine loempia's)

4 bananen
4 eetlepels vanillesuiker
12 vellen loempiadeeg (medium)
1 ei

VOOR DE SAUS
100 g zwarte chocolade
2 dl room
een klontje boter

OPTIE
een eetlepel rum of cognac
wat vanille-ijs

EXTRA MATERIAAL
friteuse

Bereiding

CHOCOLADESAUS

- Verhit een pot water en plaats daarin een tweede kleinere pot of pan. Breek de chocolade in stukjes en laat de zoetigheid smelten au bain-marie.
- Voeg de room toe aan de smeltende chocolade. Roer af en toe even om tot je een gladde saus krijgt.
- Voor de liefhebbers: voeg een eetlepel rum of cognac toe aan de saus.
- Voeg net voor het serveren een klontje koude boter toe aan de saus. Meng de saus met een garde voor een mooi glanzend resultaat.

LOEMPIA'S

- Strooi de vanillesuiker in een schaaltje.
- Doe enkel de dooier van het ei in een tweede schaaltje en schenk er een klein scheutje water bij. Roer de dooier los met een vork.
- Schil de bananen en snij elke vrucht in drie gelijke stukken.
- Leg een loempiavel in ruitvorm op je werkblad, met een punt naar je toe. Strijk de randen van het deeg in met wat losgeklopt eigeel: dat is de lijm die de loempia bij elkaar houdt.
- Wentel een stuk banaan door de vanillesuiker en leg het in het midden van het loempiavel.
- Plooi de onderste tip van het loempiavel over de banaan. Vouw vervolgens de beide zijkanten over het fruit dicht. Rol de banaan verder in het vel en druk het uiteinde van het pakketje even aan. Smeer er indien nodig nog wat eigeel op, zodat de loempia goed dichtkleeft.

AFWERKING

- Verhit de frituurolie op 180° C. Gebruik bij voorkeur arachideolie. Bak de loempia's in de hete olie tot ze goudbruin zijn. Dit gaat snel, dus blijf in de buurt van het toestel.
- Serveer de loempia's met een lepel warme chocoladesaus en een bolletje vanille-ijs ernaast.

BROCCOLISOEP MET KRUIDENKAAS EN HAM

Bereidingstijd
50 minuten

Broccoli is veelzijdig en zeer gezond. De groente is ideaal als basis voor een stevige groene soep. In combinatie met kruidenkaas en blokjes ham krijg je een smakelijke soep als lunch, voor bij de boterham of zomaar tussendoor.

Ingrediënten
(4 personen)

2 broccoli
1 prei
2 uien
1 teentje look
3 liter groentebouillon (zie p. 23)
100 g verse kaas met look en tuinkruiden
200 g gekookte ham (dikke snee of in blokjes)
1 bouquet garni (zie p. 167)
een klontje boter of wat olijfolie

Bereiding

- Snij de prei in grote stukken. Gebruik gerust een deel van het groen van de prei. Snij de broccoli in roosjes. Snij ook de steeltjes van de groente in stukjes: ze bevatten veel smaak.
- Was de prei en de stukjes broccoli in ruim water, zodat er geen zand of aarde in achter blijft. Verzamel de groenten in een vergiet en laat ze uitlekken.
- Verhit een ruime stoofpot of een soepketel op een matig vuur. Giet er een scheutje olijfolie in.
- Pel de uien en de look, en snij ze in grote stukken. Stoof de uien en de look in de olijfolie. Roer regelmatig, laat de uien niet bruin worden.
- Houd enkele kleine broccoliroosjes opzij. De rest van de broccoli en de stukken prei mogen de pot in. Laat alles enkele minuten stoven. Roer de groentemengeling regelmatig even om.
- Maak een bouquet garni en voeg het toe aan de groenten. Schenk de groentebouillon bij de groenten.
- Laat de soep een halfuurtje sudderen op een zacht vuur. Verwijder dan het bouquet garni en mix de soep grondig. Voor een fijner resultaat kan je de soep zeven.
- Schep de kruidenkaas in de soep en mix alles nog even. Strooi (kort voor het serveren) de overgebleven roosjes broccoli in de soep. Laat ze heel even garen.
- Snij de gekookte ham in kleine kubusjes.

AFWERKING

- Strooi in elke soepkom of elk soepbord een portie hamblokjes. Schep daar wat verse kruidenkaas bij en schenk er de warme broccolisoep over.

PENNE ALL'ARRABBIATA

Bereidingstijd
40 minuten

Penne all'arrabbiata is een supersimpele pastaschotel, zonder vlees. Met maar enkele ingrediënten zet je een pittige maaltijd op tafel. De chilipeper is een 'verplicht' ingrediënt in de Romeinse arrabbiata-saus, maar wie niet houdt van té pikant, kan er natuurlijk wat minder van gebruiken.

Ingrediënten

(4 personen)

500 g penne
3 uien
6 tomaten
3 dl tomatenpulp (in blik of brik)
2 teentjes look
1 rode chilipeper
olijfolie
150 g Parmezaanse kaas (blok)
zout

Bereiding

- Breng een ruime kookpot met water aan de kook. Straks gebruiken we dit kokende water om de pasta te koken, maar ook om de verse tomaten te ontvellen.
- Zodra het water kookt, kan je de verse tomaten ontvellen. Snij een kruisje in de top van elke tomaat. Dompel elke tomaat 12 tot 15 tellen onder in het kokende water. Spoel de tomaten onmiddellijk met koud water en trek de schil eraf met een mesje. Snij elke tomaat in kwartjes en snij er vervolgens de zaadlijsten uit. Het vruchtvlees hak je grof.
- Pel de uien, snijd ze middendoor en snipper ze vervolgens fijn. Pel de look en plet deze tot pulp met de brede zijde van je koksmes.
- Verhit een scheut olijfolie in een hoge pan of een stoofpot. Voeg de uien en de look toe en stoof ze op een matig vuur tot ze glazig zijn. Laat de uien niet bruinen.
- Snij de chilipeper overlangs door en haal er de vurig hete zaadjes uit. Snipper de chili zeer fijn en voeg de stukjes toe aan de uien. Wie minder van pikant houdt, gebruikt beter maar een halve chilipeper.
- Voeg de stukjes verse tomaat en de tomatenpulp toe en laat de saus zo'n 10 minuten sudderen op een laag vuurtje.
- Voeg zout toe aan het kokende water en kook de penne net niet gaar: de pasta gaart nog verder in de saus. Doe de penne in een vergiet, laat ze uitlekken en giet ze vervolgens in de pan (of pot) met saus. Schep alles goed door elkaar. Laat de pasta nog even kort garen in de warme saus. Voeg een scheutje fijne olijfolie toe. Proef en kruid naar smaak met wat zout.

- Schep een portie pasta op de borden en werk af met vers geraspte Parmezaanse kaas.

CALAMARES FRITTI MET LIMOEN-LOOKMAYONAISE

Bereidingstijd
30 minuten

Ik maak een populaire tapa, zo'n Spaans aperitiefhapje: gebakken inktvisringen. In de diepvriesafdeling van de supermarkt vind je voorgebakken ringen, maar je kan deze net zo goed eens helemaal vers maken. Serveer er een limoen-lookdip bij en je gasten zullen je dankbaar zijn.

Ingrediënten

(4 personen)

2 pijlinktvissen (schoongemaakt of niet)
100 g bloem
1 flesje pilsbier
2 eieren
snuifje zout

VOOR DE LIMOEN-LOOKMAYONAISE
3 eidooiers
1 limoen
1 koffielepel mosterd
1 teentje look
2 dl arachideolie
0,5 dl yoghurt
een beetje verse bieslook
zwarte peper en zout

EXTRA MATERIAAL
friteuse

Bereiding

LIMOEN-LOOKMAYONAISE

- Doe de eidooiers in een hoge mengbeker. Knijp de limoen uit en voeg het sap bij het eigeel, samen met een klein scheutje water. Voeg (naar smaak) de mosterd toe. Pel de look en snij deze in stukjes. Doe die in de mengbeker.
- Plaats een staafmixer in de beker en mix alle ingrediënten. Voeg geleidelijk de olie toe en beweeg de mixer zacht op en neer. Blijf mixen tot je een stevige mayonaise krijgt.
- Voeg een scheutje ongesuikerde yoghurt toe en kruid de mayonaise naar smaak met peper van de molen en zout. Snipper ten slotte wat verse bieslook en meng het kruid door de limoen-lookmayonaise.

DEEG EN CALAMARES

- Neem een mengschaal. Breek de eieren en scheid de dooiers en het eiwit.
- Ga eerst aan de slag met het eigeel: schenk het bier bij het eigeel en klop het mengsel los. Voeg de bloem toe en meng alles tot een beslag. Kruid het deeg met een snuifje zout.
- Klop het eiwit stijf met een garde of een handmixer. Spatel het opgeklopte eiwit onder het beslag: zo wordt het luchtiger.
- Koop schoongemaakte calamares, of maak ze persoonlijk eetklaar. Voor de durvers: trek de tentakels uit de inktvis. Verwijder het roze vlies dat rond de pijlinktvis zit. Spoel het witte vlees onder stromend water. Verwijder het kraakbeen dat in de hoed van de inktvis zit.
- Snij de hoedjes van de inktvissen in ringen van ongeveer 0,5 cm breed. Haal de ringen door het beslag. Bak de stukjes inktvis goudbruin in frietvet van 180° C.

KALFSVLEES ALLA MILANESE

Bereidingstijd
40 minuten

Ingrediënten
(4 personen)

4 dunne kalfslapjes
1 ei
50 g bloem
50 g paneermeel, liefst panko (Japans broodkruim)
100 g Parmezaanse kaas (blok)
2 takjes tijm
1 takje rozemarijn
1 takje oregano
2 dl olijfolie
peper en zout

VOOR DE SPAGHETTI EN DE TOMATENSAUS
400 g spaghetti
2 sjalotten
1 teentje knoflook
1 theelepel sambal (naar smaak)
1 takje verse rozemarijn
2 theelepels kappertjes
een scheutje olijfolie
0,5 dl rode wijn
1 blik tomatenstukjes (400 g)
peper en zout

Bereiding

- Pel de sjalotten en snipper ze in heel fijne stukjes. Snij een teentje look fijn en voeg toe. Verhit een scheutje olijfolie in een stoofpot en stoof er de sjalotten en de look in aan. Voeg een takje rozemarijn toe en laat alles even stoven op een matig vuur.
- Schep een beetje sambal in de pot, samen met de kappertjes en roer even om. (Wees voorzichtig met de sambal als je niet van een pikante saus houdt.)
- Schenk de rode wijn erbij en laat de alcohol al roerend verdampen. Giet er vervolgens de stukjes tomaat uit blik bij. Laat de saus 10 minuten sudderen op een laag vuurtje. Proef de saus, en kruid ze met wat peper van de molen en een snuifje zout. Houd de saus warm.
- Breng een ruime pot met water aan de kook voor het koken van de spaghetti.
- Paneer de lapjes kalfsvlees volgens de regels van de kunst. Neem drie schaaltjes waarin je afzonderlijk het broodkruim, de bloem en het losgeklopte ei doet. Kruid de bloem met wat peper van de molen en een snuifje zout.
- Rasp de helft van de Parmezaanse kaas en voeg deze toe aan het broodkruim. Snipper de blaadjes van de tijm, oregano en rozemarijn zeer fijn. De steeltjes gebruiken we niet. Meng deze kruiden onder het broodkruim.
- Wentel elk lapje vlees eerst door de bloem. Veeg de overtollige bloem eraf. Haal het vervolgens door het ei en ten slotte door het broodkruim met kaas en kruiden. Zorg ervoor dat elk lapje vlees mooi egaal gepaneerd is.
- Voeg wat zout toe aan het kokende water en kook de spaghetti beetgaar volgens de instructies op de verpakking.
- Zet een braadpan op het vuur en voeg een dikke bodem olijfolie toe. Er mag 1 cm olie in de pan staan, want de lapjes vlees worden eerder gefrituurd dan gebakken.
- Snijd een teentje look in twee en voeg het toe aan de olie. Als de look bruin begint te worden, haal je de stukjes weer uit de olie. Nu heb je lookolie.
- Als de olie gloeiend heet is, bak je het gepaneerde kalfsvlees. Let op, want dit is een kwestie van minuten. Draai de lapjes tussendoor even om, zodat ze aan beide zijden goudbruin bakken. Laat het vlees even uitlekken op een servetje of wat keukenpapier.

AFWERKING

- Serveer een kalfslapje met een portie beetgare spaghetti. Schep wat tomatensaus over de pasta en rasp wat van de overgebleven Parmezaanse kaas over het bord.

MUESLI MET YOGHURT EN VERS FRUIT

Bereidingstijd
50 minuten (incl. baktijd)

Ingrediënten
(4 personen)

400 g havervlokken
25 g amandelnoten
25 g walnoten
25 g hazelnoten
50 g rozijnen
25 g gedroogde abrikozen
25 g gedroogde vijgen
6 eetlepels esdoorn- of ahornsiroop
1 dl appelsap (bij voorkeur ongefilterd)

natuuryoghurt

VOOR EEN VERSE FRUITSLA
1 appel
1 peer
1 banaan
1 sinaasappel
citroensap

Bereiding

MUESLI

- Neem een grote schaal om het mueslimengsel in te maken. Giet de havervlokken in de schaal. Dit is de basis voor de bereiding.
- Snij de gedroogde abrikozen en vijgen in grove stukjes, en doe ze bij de havervlokken. Snij de walnoten grof en laat de hazelnoten en amandelnoten heel. Meng ze, samen met een flinke portie rozijnen, onder de havervlokken met gedroogd fruit.
- Verwarm de oven voor op 160° C.
- Schenk de esdoorn- of ahornsiroop over de muesli, doe hetzelfde met het appelsap. (Naar keuze kan je ook nog een klein snuifje zout toevoegen.) Meng alles grondig met een lepel. De havervlokken absorberen het appelsap.
- Neem een ovenschaal en leg daarop een vel bakpapier of een siliconenmatje. Stort de muesli op de ovenschaal en verdeel deze gelijkmatig over het oppervlak.
- Laat de muesli 25 minuten bakken op 160° C. (Voor kleinere of grotere hoeveelheden moet je de baktijd aanpassen. Houd goed in de gaten dat de muesli niet aanbrandt.)
- Haal de muesli uit de oven en roer alles een keertje om. Laat de muesli vervolgens nog zo'n 10 minuten bakken in de oven.
- Serveer de muesli warm of koud, met ijskoude melk of natuuryoghurt en/of verse fruitsla.

VERSE FRUITSLA

- Schil de appel en de peer, en snij het vruchtvlees in blokjes. Doe het fruit in een schaal en druppel er wat citroensap over, zodat het fruit niet verkleurt. Snij de banaan in blokjes en de sinaasappel in partjes.

Tip: Een citrusvrucht kan je best 'a vif' versnijden: je snijdt dan de schil tot op het vruchtvlees weg, zodat je geen vervelende vliesjes meer hebt. Op de website van *Dagelijkse Kost* zie je hoe je dat doet.

AFWERKING

- Vul hoge glazen met wat verse fruitsla. Giet daarover de natuuryoghurt en werk het gerechtje af met een flinke portie warme knapperige muesli.
- Bewaar de rest van de (afgekoelde) muesli in een pot met een deksel dat goed sluit.

TONIJNSTEAK MET RIJSTNOEDELS EN EEN THAISE DRESSING

Bereidingstijd
30 minuten

Tonijn is een luxeproduct dat je beslist niet elke dag hoeft te eten, maar zo af en toe mag je je wel eens laten verleiden om deze edele vis op de tafel te zetten. Ik bereid tonijn het liefst zo puur mogelijk, zodat je volop van de smaak kan genieten. Bij een tonijnsteak hoort een Thais geïnspireerde noedelsla met een pittige dressing en veel verse groene kruiden. En nog: eet tonijn alsjeblief *bleu*. Op een hardgebakken tonijnsteak staat voor mij de doodstraf!

Ingrediënten

(4 personen)

4 tonijnsteaks (150 g per stuk)
een scheutje olijfolie

VOOR DE SALADE
½ komkommer
4 (jonge) wortels
½ rode ui
300 g fijne rijstnoedels

VOOR DE DRESSING
2 limoenen
2 eetlepels bruine suiker
1 eetlepel sesamolie
2 eetlepels sojasaus
1 stukje verse gember
½ rode chilipeper
enkele takjes verse citroenmelisse of munt
½ busseltje verse koriander

EXTRA MATERIAAL
grillpan

Bereiding

NOEDELSALADE

- Breng een pot met water aan de kook en gaar daarin de rijstnoedels. Dit duurt doorgaans ongeveer 4 minuten, maar controleer best de instructies op de verpakking.
- Giet het kookwater af en spoel de noedels meteen onder koud stromend water zodat ze snel afkoelen. Zet ze opzij.
- Schil de komkommer en snij de groente overlangs in vier gelijke stukken. Zo kan je de zaadlijsten goed uit de komkommer snijden. Plaats je mes schuin op de groente en snij deze in fijne schijfjes. Verzamel de stukjes in een potje.
- Snij het loof en de tipjes van de wortels en schil ze. Rasp ze fijn in de schaal met komkommer.
- Snipper de rode ui in flinterdunne schijfjes.
- Voeg de koude noedels toe en meng ze onder de groentestukjes.

DRESSING

- Gebruik een mengschaaltje voor de dressing. Pers het sap uit de limoenen. (Rol de limoenen vooraf even over het werkblad terwijl je ze stevig aandrukt. Zo zal je nog meer sap uit de vruchten halen.)
- Voeg de bruine suiker toe aan het limoensap. Meng goed, proef, en voeg indien nodig nog wat extra suiker toe.

→

- Schenk een finke scheut sojasaus en een beetje sesamolie in de dressing. Schil de verse gember en rasp het knolletje in de dressing. Kies naar eigen smaak hoeveel gember je gebruikt.
- Verwijder de pittige zaadjes uit de chilipeper en snij het vruchtje in hele fijne stukjes. Doe de stukjes peper in de dressing. (Chili kan heel pikant zijn: was achteraf goed je handen.)
- Snipper ten slotte de citroenmelisse (en/of verse munt) en de koriander. Meng alle groene kruiden onder de dressing.

AFWERKING

- Giet de dressing over de noedelsalade en meng ze er zorgvuldig onder.
- Laat een grillpan gloeiend heet worden op een hoog vuur. Borstel wat olijfolie over de tonijnsteaks.
- Bak net voor het serveren de tonijnfilets in de gloeiend hete grillpan. Gegrilde tonijn hoort vanbinnen nog bleu te zijn. Laat de vis aan elke zijde ongeveer 30 seconden tot 1 minuut bakken.

Tip: **Als je de tonijnsteaks halverwege het bakken een kwartslag draait, dan krijg je een mooi geruit bakpatroon op de vis.**

- Schep een portie noedelsalade in een diep bord of een eetkom. Snij de tonijnsteaks in brede repen en serveer ze op de koude, pittige salade.

KOFTAS HARA MASALA

Bereidingstijd
70 minuten

Ingrediënten
(4 personen)

VOOR DE BALLETJES
450 g lamsgehakt
2 lente-uitjes
enkele takjes verse koriander
2 teentjes look
1 eetlepel vers geraspte gember
olijfolie
1 theelepel kaneelpoeder
zwarte gemalen peper en zout

VOOR DE SAUS
1 dl arachideolie
150 ml yoghurt
3 groene chili's
½ busseltje koriander
enkele takjes verse munt
1 eetlepel geraspte verse gember
1 theelepel komijnpoeder
1 theelepel garam masala (oosterse kruidenmengeling)
1 theelepel kurkuma
½ limoen

30 g amandelschilfers
rijst of brood om erbij te serveren

EXTRA MATERIAAL
blender
staafmixer

Bereiding

VLEESBALLETJES

- Doe het gehakt in een mengschaal.
- Snij het bleke en lichtgroene gedeelte van de lente-uitjes in heel fijne stukjes (niet in ringen). Plet de look tot pulp met de brede zijde van je koksmes. Voeg alles bij het gehakt.
- Schil het knolletje gember en rasp het in het gehakt. Snipper de koriander fijn en voeg de kruiden toe aan het vlees.
- Doe het kaneelpoeder, een stevige snuif zwarte peper en een beetje zout bij het gehakt en meng alle ingrediënten met de hand onder het vlees.
- Rol vleesballetjes van ongeveer 3 cm diameter. Verhit een scheut olijfolie in een pan op hoog vuur. Kleur de balletjes hierin aan. Ze hoeven niet gaar te zijn: een goudbruin korstje is voldoende. Zet de balletjes even aan de kant.

SAUS

- Snij de chilipeper open en verwijder de pittige zaadjes. Snij de peper in grove stukken. Gebruik minder chilipeper als je niet zo houdt van pikant.
- Neem de beker van de blender en voeg hierin alle ingrediënten voor de saus samen: de stukjes chili, de arachideolie, de yoghurt, de verse koriander, de verse munt, de gember (geraspt of grof gesneden), kurkuma, komijnpoeder, de garam masala en het sap van de limoen. Mix het mengsel tot een gladde grasgroene saus.
- Zet een kookpot op een matig vuur en verwarm hierin de kruidige groene saus. Voeg er de balletjes aan toe en laat ze nog 10 minuten garen in de warme saus. Let op: de saus zal schiften, maar dat is juist de bedoeling!

AFWERKING

- Rooster de amandelschilfers in een hete pan. Laat de stukjes noot een beetje kleuren. Dit gaat heel snel. Serveer de balletjes met witte rijst of Indiaas naanbrood.

CRÈME BRÛLÉE

Bereidingstijd
150 minuten
(incl. bakken en afkoelen)

Als er één dessertje is dat weinig introductie behoeft, dan is het dit wel. De crème brûlée is een kampioen. Het is een bommetje, dat fenomenaal lekker is... Om dit gerechtje perfect te maken, is het wel zinvol om te investeren in zo'n kleine gasbrander die voor een perfect krokant suikerlaagje zorgt.

Ingrediënten
(4 personen)

VOOR DE CRÈME
2,5 dl room
2,5 dl melk
2 vanillestokken
12 eieren
100 g kristalsuiker

VOOR HET SUIKERLAAGJE
2 eetlepels bruine suiker
2 eetlepels kristalsuiker

EXTRA MATERIAAL
lage schaaltjes
gasbrandertje
blender of koffiemolen

Bereiding

- Giet de room en de melk in een kookpot. Snij de vanillestokken overlangs door, en schraap met een mespunt de zaadjes uit de peulen. Voeg deze toe aan het mengsel van room en melk. Voeg ook de peulen toe aan het mengsel, want ze geven extra smaak af.
- Verwarm het mengsel op een matig vuur, zodat de vanille smaak kan afgeven. Roer regelmatig eens met de garde. Het mengsel hoeft niet te koken!
- Neem twee mengschalen. Breek de eieren en scheid de eigelen van het eiwit. Doe dit zorgvuldig en let erop dat er geen stukjes eierschaal in de eigelen belanden. Het eiwit gebruiken we niet voor deze bereiding.
- Klop de dooiers los met de garde en voeg er de suiker aan toe. Meng alles zorgvuldig, maar let erop dat je dit mengsel niet bleek en schuimig klopt.
- Giet het warme mengsel van melk en room al roerend bij het mengsel van eigelen en suiker. Verwijder de peulen van de vanillestokken.
- Laat dit mengsel nu rusten tot het beetje schuim op het mengsel verdwenen is. Dit duurt ongeveer 20-30 minuten.

Tip: **Dit mengsel kan je gerust een dag op voorhand maken.**

- Verwarm de oven voor op 90° C. Vul de schaaltjes met het eiermengsel en plaats ze op de ovenschaal.
- Bak de crèmes brûlées gedurende minstens 1 uur in de oven van 90° C. Door even met de schaaltjes te schudden, kan je de stevigheid van de crème testen.
- Laat de schaaltjes goed afkoelen. Serveer een crème brûlée niet koelkastkoud.

→

"LE

SUIKERLAAGJE

- Meng de kristalsuiker en de bruine suiker in een blender of een koffiemolen en maal dit mengsel fijn. Nu heb je de ideale suikermix om straks voor een krokant laagje te zorgen. Een overschotje kan je bewaren voor later.

AFWERKING VLAK VOOR HET SERVEREN

- Strooi een fijn laagje van de suikermix over het oppervlak van elk schaaltje met crème brûlée. Gebruik een zeefje om een egaal laagje te verkrijgen.
- Smelt de suiker met behulp van de gasbrander. De suiker moet smelten en karamelliseren, maar mag niet verbranden.

Let op: Werk de crèmes een voor een af: suiker strooien en meteen branden.

CAESARSALADE MET KIP

Bereidingstijd
30 minuten (zonder het garen van de kip)

De originele *Caesar Salad* bevatte geen kip, maar het is de gewoonte geworden om die toch toe te voegen aan het recept. Deze smakelijke sla heeft niks te maken met de beruchte Romeinse keizer of het legendarische hotel in Las Vegas, maar werd bedacht door de Italiaan Cesare Cardini die in het begin van de vorige eeuw naar de Verenigde Staten emigreerde. Dikke merci, Cesare!

Ingrediënten

(4 personen)

1 toastbrood ongesneden
4 kippenbillen (of 2 kipfilets)
een krop Romeinse sla
een klontje boter
een scheutje olijfolie
kippenbouillon (zie p. 23)

VOOR DE CAESAR-DRESSING

2 eieren
2 teentjes look
1 dl yoghurt natuur
½ limoen of citroen
1 eetlepel mosterd
1,5 dl arachideolie
3 filets zoute ansjovis
100 g Parmezaanse kaas (blok)
cayennepeper
worcestershire- of Engelse saus

Bereiding

KIP

- Kook de kip gaar in de kippenbouillon. Je kan ook (de resten van) een gebakken kip gebruiken.
- Scheur het afgekoelde kippenvlees in hapklare brokken, en zet dit even opzij.

DRESSING

- De Caesar-dressing is een variatie op de klassieke mayonaise. Breek de eieren en doe enkel de dooiers in een hoge mengbeker. Het eiwit gebruiken we niet.
- Pel de look en snij de teentjes in kleine stukjes. Voeg ze toe aan de mengbeker met eigeel.
- Knijp een halve limoen (of citroen) uit in de beker en voeg er de mosterd aan toe.
- Plaats de staafmixer in de pot en voeg al mixend de arachideolie toe, tot je een stevige mayonaise verkrijgt.
- Schenk yoghurt bij de mayonaise en mix alles samen tot een romige dressing.
- Voeg de zoute ansjovis toe, een voorzichtig snuifje cayennepeper en enkele druppels worcestershiresaus. Mix alle ingrediënten in de dressing. Proef en voeg naar smaak nog wat extra ansjovis of kruiden toe. Zet de dressing even koel.

➔

SLA

- Scheur de bladeren van de Romeinse sla in grove stukken en was ze in ruim koud water. Laat de sla goed uitlekken.

CROUTONS

- Snij met een broodmes enkele dikke sneden van 2 cm van het toastbrood. Verwijder de korst en snij het brood in dobbelstenen.
- Verhit een klontje boter en een scheutje olijfolie in een pan. Zodra het braadvet heet is, bak je hierin de dobbelsteentjes brood tot goudbruine knapperige croutons. Blijf bij de pan, want dit gaat snel!
- Leg een vel keukenpapier in een diep bord en laat de warme croutons hierop uitlekken.

AFWERKING

- Vul een grote slakom met de gescheurde blaadjes Romeinse sla. Schik hierop de stukjes kip en de croutons. Schenk er enkele flinke lepels Caesardressing over en werk de sla af met schilfers van het blokje Parmezaanse kaas.

Tip: Je kan ook blokjes krokant gebakken spek aan deze sla toevoegen.

MAYONAISE MET DE KLOPPER

Voortaan alleen nog maar verse mayonaise! Jeroen legt uit hoe je op de klassieke manier mayonaise maakt met een klopper, op basis van mosterd.

Ingrediënten

4 eieren | 1 eetlepel natuurazijn | 1 eetlepel mosterd | 1 eetlepel lauw water
4 dl arachideolie | peper en zout

Bereiding

| Klop de eidooiers los.
| Doe er de azijn, het water en de mosterd bij.
| Voeg er druppelsgewijs en al roerend de arachideolie aan toe.
| Kruid met peper en zout.

BOUQUET GARNI

Een bouquet garni of kruidentuiltje geeft een heerlijke smaak aan je bereiding. Als je alles mooi samenbindt met keukentouw, kun je het kruidentuiltje gemakkelijk uit de pot halen voor je het gerecht serveert.

Benodigdheden

3 takjes verse tijm | 4 peterseliestengels | 2 blaadjes laurier | keukentouw

GEHAKT IN PAKJES

Bereidingstijd
60 minuten

Een gerechtje dat nog maar eens bewijst dat gehakt een van de meest veelzijdige ingrediënten is. Ik gebruik gemengd gehakt: het is belangrijk dat daar varkensgehakt bij zit, want dat geeft het meeste smaak. Met een groene kool in de rol van 'inpakpapier' erbij, zet je zonder veel moeite een heel aantrekkelijk en smakelijk gerechtje op de tafel.

Ingrediënten

(4 personen, 16 koolrolletjes)

VOOR HET GEHAKT IN PAKJES

400 g gemengd gehakt
1 groene kool
1 ei
2 eetlepels paneermeel
1 ui
1 teentje look
2 takjes tijm
2 takjes rozemarijn
1 dl kippenbouillon
½ flesje bier (bv. blonde tripel)
peper en zout
nootmuskaat
een snuifje bicarbonaat
2 klontjes boter

VOOR DE AARDAPPELEN

500 g vastkokende aardappelen (bv. Belle de Fontenay)
olijfolie
grof zout en peper
Provençaalse kruiden

Bereiding

GEHAKT

- Snipper de ui in fijne stukjes. Plet de teentjes look. Stoof de ui en de look kort in een pannetje met een klontje boter.
- Doe het gehakt in een grote mengschaal. Hak de tijm en de rozemarijn heel fijn. Voeg de gehakte kruiden, de gestoofde ui en look toe aan het gehakt. Meng alles een eerste keer. Voeg het ei toe aan het vleesmengsel, meng opnieuw en voeg een beetje paneermeel toe. (Het gehakt mag niet te vochtig zijn.)
- Kruid het gehakt met een snuifje zout en voldoende peper van de molen. Zet het vlees even opzij.

GROENE KOOL

- Verwijder de (grote) buitenste bladeren van de groene kool: die gebruiken we niet. Pluk de rest van de bladeren van de kool. Reken één koolblad per twee rolletjes met gehakt.
- Was de koolbladeren onder stromend koud water (indien nodig). Breng een ruime pot water aan de kook en voeg er wat zout en een snuifje bicarbonaat aan toe: dit zal ervoor zorgen dat de bladeren mooi groen blijven.
- Kook de bladeren heel kort (blancheren). Reken ongeveer 1,5 tot 2 minuten kooktijd. Giet daarna het water meteen af en spoel de bladeren onder koud stromend water. Zorg ervoor dat de koolbladeren goed afgekoeld zijn.

→

ROLLETJES

- Neem een blad en snij het langs de nerf in twee gelijke stukken. Snij vervolgens het dikste deel van de bladnerf eraf. Je kan voor een mooier resultaat ook de gekartelde bladrand een beetje bijsnijden.
- Leg op elk half koolblad een portie gehakt (ongeveer één volle eetlepel) en rol het vleesmengsel in de kool.
- Laat een klont boter smelten in een ruime stoofpot of een grote pan met deksel. Stoof hierin de rolletjes gaar op een matig vuur. Zet het vuur zachter na twee minuten.

Tip: **Leg de rolletjes in de pan met de 'naad' van het blad naar onderen. Zo bakken ze stevig vast. Mocht je hier toch problemen mee hebben, dan kan je de bladeren ook vastprikken met een halve houten tandenstoker.**

- Rasp wat nootmuskaat over de koolrolletjes, en schenk er het bier en de kippenbouillon over. Zorg ervoor dat de koolrolletjes half onder het vocht staan. Plaats het deksel op de pot of pan en laat alles een kwartiertje smoren.

AARDAPPELEN

- Was de aardappelen in ruim water en snij de knollen in dikke schijfjes. Als de aardappelen een dunne schil hebben, hoef je ze niet vooraf te schillen.
- Verwarm de oven voor op 180° C. Schik de aardappelschijfjes in een vuurvaste schaal. Schenk er wat olijfolie over en voeg een snuif grof zeezout toe, samen met peper van de molen. Strooi er ten slotte ook wat Provençaalse kruiden over.
- Bak de aardappelschijfjes gedurende 15 tot 20 minuten in een oven van 180° C.

POON MET PESTOPUREE EN KERSTOMAATJES UIT DE OVEN

Bereidingstijd
60 minuten

Als ik zeg dat er 'knorhaan' op het menu staat, dan krijg ik vaak heel verwonderde blikken te zien. Onze taal is mooi, maar voor de vissoort 'poon' hadden ze toch iets anders kunnen verzinnen... Het seizoen voor deze vis loopt tot mei, dus de lente is het ideale moment om een smakelijk gerechtje met poon voor te schotelen. Vraag aan je visboer om graatloze poonfilets in een papiertje te stoppen, en de rest is kinderspel.

Ingrediënten
(4 personen)

VOOR DE VISBEREIDING
500 g poonfilets
een scheutje olijfolie
peper en zout

VOOR DE KERSTOMAATJES
250 g kerstomaatjes
een scheut olijfolie
een scheut balsamicoazijn
4 takjes tijm
4 blaadjes laurier
4 takjes oregano
grof of klassiek zeezout

VOOR DE PESTO
60 g pijnboompitjes
80 g Parmezaanse kaas (blok)
60 g basilicum
1 teentje look
1,5 dl olijfolie
½ citroen
peper en zout

Bereiding

PESTO

- Voeg enkele ingrediënten samen in de blender: de pijnboompitjes, de stukjes Parmezaanse kaas, de gepelde look en een flinke portie verse basilicum. Schenk er ten slotte de olijfolie bij en mix alles op volle toeren tot een gladde pesto.
- Voeg nu het sap van de citroen toe en kruid de grasgroene pesto met een snuifje zout en wat peper van de molen.
- Proef de saus en kruid ze naar smaak bij.

KERSTOMAATJES UIT DE OVEN

- Verwarm de oven voor op 150° C. Neem een vuurvast ovenschaaltje en leg er de kerstomaatjes in. Die mogen gerust nog aan hun takje hangen.
- Giet een scheutje olijfolie over de tomaatjes en schenk er de balsamicoazijn bij. Strooi er wat grof zeezout over en peper van de molen. Verdeel de verse kruiden over de ovenschaal: blaadjes laurier, takjes tijm en takjes oregano.
- Zet de schaal met tomaatjes in de warme oven en laat ze daarin 20 minuten garen.

PUREE

- Schil de aardappelen en kook ze gaar in licht gezouten water (ongeveer 20 minuten kooktijd).

➔

RONDOU
Pensstraat 5
3000 Leuven
Tel. 016/22 28 27
Dexia 068-2345013-65
BTW nr. BE 708 837 891

VOOR DE PUREE
1 kg aardappelen
(loskokend, bv. bintje)
een snuifje zout

EXTRA MATERIAAL
blender
passe-vite of pureestamper

- Draai de gekookte knollen door de *passe-vite* zodat je een gladde puree verkrijgt. (Als je geen *passe-vite* bezit, dan kan je de aardappelen ook fijn stampen met een gewone pureestamper.)
- Doe de aardappelpuree in een kookpot en voeg er de pesto aan toe. Meng alles samen tot een smeuïge en kruidige puree. Proef en voeg naar smaak wat extra zout toe.

POON

- Zet een braadpan op het vuur en verhit hierin een scheutje olijfolie. Controleer de poonfilets en snijd achtergebleven visgraatjes weg. (Check zeker het graatje aan de zijkant.)
- Leg de visfilets met de velkant naar boven en maak er met je koksmes enkele diagonale insnijdingen in. Zo zal de vis veel minder opkrullen tijdens het bakken. Kruid de vis met wat zout en peper.
- Leg de vis in de pan, met de velkant naar onderen. Laat de vis maximaal 5 minuten bakken op een matig tot hoog vuur.
- Draai de poonfilets om en bak ze nog 5 tot 10 tellen lang. De vis mag niet uitgedroogd uit de pan komen.

AFWERKING

- Serveer de poonfilets met een flinke schep pestopuree en een mooi trosje ovengebakken kerstomaten. Schep een lepeltje van het bakvocht van de tomaatjes over de vis.

STOOFVLEES MET FRIET

Bereidingstijd
3 tot 4 uur

Voor de honderdste aflevering van *Dagelijkse Kost* vroeg ik de kijkers via Facebook wat er op het menu moest staan. Al gauw bleek dat een oeroude klassieker anno 2011 nog altijd de onverslagen nummer één is: stoofvlees. Voor het rundvlees verkies ik het zenuwstuk uit de schouder, een budgetvriendelijk stuk vlees dat uitermate geschikt is voor een smakelijke stoverij. Met het juiste biertje erbij, enkele kruiden, wat stroop én een portie geduld, zet je deze 'winner' op tafel.

Ingrediënten

(4 personen)

VOOR HET STOOFVLEES

1 kg rundvlees (in gelijke stukken)
2 grote uien
1 flesje bruin bier van 33 cl (bv. St. Bernardus Abt 12)
2 eetlepels Loonse of Luikse appel-perenstroop
enkele takjes verse tijm
1 kruidnagel
2 blaadjes laurier
1 stevige bruine boterham
2 eetlepels (scherpe) mosterd
een scheutje natuurazijn
enkele klontjes boter
peper van de molen en zout

VOOR DE FRIETEN

1 kg aardappelen (loskokend, bv. bintje)
mayonaise (zie p. 167)
ossenwit (dierlijk vet)

Bereiding

STOOFVLEES

- Pel de uien en snipper ze in niet al te fijne stukjes. Verhit een ruime stoofpot en smelt er een klontje boter in. Stoof daarin de uien op een matig vuur. Laat de uien niet bruin bakken.
- Verhit een braadpan op een matig vuur, en smelt er een klontje boter in. Schroei de stukken vlees in de braadpan tot ze een goudbruin kleurtje hebben. Kruid het vlees tijdens het bakken met wat peper van de molen en een snuifje zout. (Een grote hoeveelheid vlees bak je in meerdere beurten: zo ligt de braadpan nooit te vol en wordt het vlees niet gekookt in plaats van gebakken.)
- Doe de stukjes vlees in de stoofpot met uien. Houd de braadpan met de aanbaksels van het vlees bij en schenk daarin het bier. Roer alle aanbaksels los, terwijl het bier aan de kook gebracht wordt (deglaceren). Zodra het bier kookt, giet je het in de stoofpot.
- Bind enkele blaadjes laurier en een paar takjes verse tijm samen met een eindje keukentouw. Laat het kruidentuiltje meestoven in de pot.
- Voeg de kruidnagel toe en de Loonse of Luikse stroop.
- Besmeer het bruin brood royaal met (scherpe) mosterd. Leg de boterham in de pot, met de besmeerde zijde naar onderen.

- Laat het stoofvlees anderhalf tot drie uur lang sudderen op een zacht vuur. Het deksel hoeft niet op de pot. De kooktijd is afhankelijk van de kwaliteit van het vlees. Roer af en toe eens in de pot en controleer dan of het vlees voldoende gaar is. Pas wanneer de stoofvleessaus de gewenste dikte heeft, plaats je het deksel op de stoofpot.
- Werk het stoofvlees af met een klein scheutje natuurazijn en roer alles om. Proef en voeg naar smaak nog wat peper van de molen toe en een snuifje zout.

FRIETEN

- Schil de aardappelen en snij ze met de hand in gelijkvormige frieten. Deze hoeven niet te dun te zijn. Een ideale Belgische friet is 13 mm dik. Was de frieten niet, want dan spoel je het zetmeel eraf.
- Verhit het frietvet (bij voorkeur ossenwit) op 140° C. Bak de frietjes een eerste keer, maar laat ze nog niet kleuren. (Zo 'pocheer' je de aardappelstukjes.)
- Laat de frietjes koud worden in een schaaltje met wat keukenpapier. Verhit het frietvet intussen tot 180° C. Bak de koude frieten nu goudbruin en knapperig.
- Giet de frieten opnieuw in een schaal met wat keukenpapier, zodat ze even kunnen uitlekken. Strooi er naar smaak wat zout over.

- Serveer een portie stoofvlees met de vers gebakken frietjes en een flinke lepel mayonaise.

NOTENCAKE

Bereidingstijd
70 minuten (incl. baktijd)

Wie in de kelder nog noten liggen heeft, kan ze kwijt in deze kraakverse hap voor bij de koffie.

Ingrediënten
(4 personen)

250 g boter (+ een extra klontje)
300 g witte patisseriebloem
5 eieren
200 g bruine suiker
5 cl melk
125 g notenmix
50 g rozijnen
1 vanillestokje
1 koffielepel bakpoeder

EXTRA MATERIAAL
klassieke cakevorm
bakpapier
keukenmachine
penseel of borsteltje

Bereiding

- Haal de boter uit de koelkast en laat ze op kamertemperatuur komen, zodat ze zacht wordt.
- Weeg alle ingrediënten zorgvuldig af. Zet alles klaar, zodat je ordelijk en vlot kan werken.
- Neem een mengschaal en breek er de eieren in. Voeg ook de melk toe en kluts alles met de garde tot een mengsel. Verwarm intussen de oven voor op 180° C.
- Haal de keukenmachine uit de kast en plaats er het hulpstuk voor het mengen van deeg op. Doe de malse boter in de mengkom van het toestel. Laat het toestel op lage snelheid draaien.
- Snij de vanillestok overlangs in twee en schraap er met een mespunt de zaadjes uit. Meng de vanille onder de malse boter. Voeg de bruine suiker toe en laat alles een minuutje mengen.
- Giet er vervolgens het mengsel van eieren en melk bij. Laat de machine opnieuw een minuutje verder draaien.
- Zeef de bloem en voeg ze toe aan het mengsel. Voeg ook het bakpoeder toe en laat het beslag even mengen.
- Hak de noten met een scherp keukenmes (of doe ze even in de hakmolen). Let erop dat je nog echte stukjes noot overhoudt. Meng de fijngehakte nootjes door het beslag.
- Smelt een klontje boter in een pannetje en strijk de cakevorm in met de gesmolten boter. Strooi wat bloem in het bakblik, en zorg ervoor dat dit aan de bodem en wanden blijft kleven. Zo kan je na het bakken de cake gemakkelijk losmaken.
- Stort het beslag in de cakevorm en bak de cake gedurende 45 minuten in een oven van 180° C. Laat de cake afkoelen en haal hem uit de vorm.

RIBBETJES MET COLESLAW

Bereidingstijd
60 minuten

Ribbekes zijn verrassend veelzijdig en bovendien helemaal niet duur. Voor wie graag peuzelt aan tafel, zijn ze echt ideaal. Hierbij past een typisch Amerikaanse coleslaw, een van de smakelijkste manieren om wittekool te verwerken.

Ingrediënten

(4 personen)

VOOR DE RIBBETJES
600 g varkensribben

VOOR DE MARINADE
2 eetlepels ahornsiroop
2 eetlepels mosterd
1 eetlepel ketjap manis (oosterse saus)
1 eetlepel ketchup
1 mespuntje cayennepeper
Provençaalse kruiden

VOOR DE COLESLAW
¼ wittekool
3 wortels
1 kleine rode ui
1 appel
½ bussel peterselie
2 grote eetlepels mayonaise (zie p. 167)
1 limoen
peper en zout

EXTRA MATERIAAL
een borsteltje of dik penseel
rasp of mandoline

Bereiding

RIBBETJES

- Verwarm de oven voor op 150° C.
- Maak eerst een marinade met de ahornsiroop, de mosterd, de ketjap manis, de ketchup, een mespuntje cayennepeper (voorzichtig!) en de Provençaalse kruiden.
- Schik de ribbetjes op de ovenschaal. (Leg ze op een vel bakpapier of een siliconenmatje.) Bestrijk het vlees royaal met de marinade.
- Bak de ribbetjes 40-45 minuten in de voorverwarmde oven op 150° C. Bestrijk het vlees tijdens het bakken af en toe met extra marinade.

COLESLAW

- Schil de wortels, was de wittekool en rasp deze groenten fijn. Snij de rode ui zeer fijn en hak de blaadjes van de peterselie. Schil de appel en snij het vruchtvlees in kleine kubusjes.
- Schep de mayonaise in een potje en roer het sap van de limoen er doorheen.
- Neem een slakom en meng alle ingrediënten tot een smeuïge sla. Kruid naar smaak met peper en zout.
- Versnijd de ribbetjes en serveer met een flinke schep coleslaw.

WORST MET RODEKOOL

Bereidingstijd
90 minuten

Ingrediënten
(4 personen)

4 braadworsten
500 g loskokende
aardappelen (bv. bintje)
een schep zachte mosterd
peper en zout
een klontje boter

VOOR DE RODEKOOL
½ rodekool
2 uien
1 grote stoofappel
(bv. reinette)
2 eetlepels smout
1 eetlepel bruine suiker
2 eetlepels
aalbessenconfituur
1 dl rode wijn
een scheutje natuurazijn
4 jeneverbessen
2 kruidnagels
een bouquet garni
(zie p. 167)

EXTRA MATERIAAL
thee-ei

Bereiding

- Haal de worsten uit de koelkast en laat het vlees op kamertemperatuur komen. (Zo barsten de worsten tijdens het bakken minder snel open.)
- Rasp de rodekool in kleine stukjes en versnipper de uien.
- Verhit een ruime kookpot of stoofschotel met daarin het smout. Smelt het vet op een zacht vuurtje. Stoof de stukjes ui even aan in de pan, maar let erop dat ze niet kleuren. Voeg even later de snippers rodekool toe.
- Schil de appel en rasp het vruchtvlees. Voeg ook dat toe aan de pot met kool en roer alles goed om.
- Kneus de jenerverbessen, zodat ze straks meer smaak afgeven. Stop ze samen met de kruidnagels in het thee-ei. (Zo geven de aromaten al hun smaak af, en kan je ze later gemakkelijk uit de pot verwijderen.)
- Laat het bouquet garni meestoven op een zacht vuur.
- Zet na enkele minuten het vuur iets hoger en voeg de rode wijn toe. Laat het vocht al roerend een beetje verdampen en zet daarna het vuur opnieuw op een laag pitje.
- Schep de aalbessenconfituur en de bruine suiker door de kool, roer alles om en laat de schotel een uurtje heel rustig sudderen.
- Sprenkel ten slotte een scheutje natuurazijn over de kool, en roer om. Verwijder het thee-ei en het kruidenbundeltje.

- Schil de aardappelen en kook ze gaar in gezouten water.

- Prik enkele gaatjes in elke worst (een drietal volstaat) en kruid naar smaak met wat zout en peper van de molen.
- Verhit een braadpan met daarin een klontje boter. Kies voor een pan waarin de hoeveelheid worst precies past. Bak de worsten aan één zijde in de hete boter en draai ze daarna voorzichtig om. (Zonder er opnieuw in te prikken.)
- Plaats een deksel op de pan, en laat de worsten verder bakken op een matig vuur.
- Serveer de worst met aardappelen en verse rodekool met een schep milde mosterd.

QUICHE MET WITLOOF, HAM EN CHEDDAR

Bereidingstijd
70 minuten (incl. baktijd)

Een quiche is een hartige taart die je zowel warm als koud kan eten. Ik maak deze keer een eenvoudig baksel met witloof, smakelijke gekookte ham en cheddar. De inspiratie voor deze combinatie heb ik gehaald bij onze klassieker witloof met ham in kaassaus in de oven.

Ingrediënten
(4 personen)

1 vel kruimeldeeg
2 hele eieren
2 eidooiers
2 dl room
100 g cheddar (blok)
6 stronkjes witloof
200 g ham (in dikke plakken)
nootmuskaat
peper en zout
klontje boter

EXTRA MATERIAAL
lage, ronde taartvorm (diameter 20-25 cm)
bakpapier

Bereiding

- Verwarm de oven voor op 180° C. Gebruik kruimeldeeg dat je voorverpakt kan kopen. Rol het deeg uit en bedek er de taartbodem mee. Leg een vel bakpapier onder het deeg, zodat je de quiche straks zonder problemen uit de vorm kan halen.
- Druk het deeg goed aan in de randen van de bakvorm en verwijder overhangende stukjes deeg. Laat de quichebodem 15 minuten voorbakken in de voorverwarmde oven van 180° C.
- Snipper het witloof in fijne stukjes. Dat gaat gemakkelijk als je de stronkjes eerst overlangs doorsnijdt. De harde onderkant en kern van het witloof gebruik je best niet.
- Verhit een klontje boter in een pan op matig vuur. Zodra de boter lichtbruin is, bak je de stukjes witloof in de pan. Roer regelmatig om. Het witloof zal een heel stuk volume verliezen. Kruid de groente met wat nootmuskaat, een snuifje zout en wat peper van de molen.
- Verwijder het vetrandje van de ham en snij het vlees vervolgens in kleine blokjes.
- Neem een mengkom en klop er de hele eieren én de extra eidooiers in los, samen met de room. Kruid het mengsel met een snuifje zout en wat peper.
- Neem er de voorgebakken quichebodem bij. Schep er eerst het witloof in en verdeel dit egaal over het hele oppervlak. Strooi de blokjes ham over het witloof en rasp er de cheddar over. Giet er ten slotte het mengsel van ei en room bij. Verdeel dit mooi over de hele quiche.
- Plaats de quiche in de warme oven en bak ze 30 minuten lang op 180° C. Serveer warm of koud.

ONGLET À L'ÉCHALOTTE MET WATERKERS EN POMMES ALLUMETTES

Bereidingstijd
30 minuten

Een stevige mondvol Frans, 'onglet à l'échalotte'! Deze klassieker is een uitdaging voor taalkenners, want er bestaat nog geen smakelijke Nederlandstalige naam voor.

Ingrediënten
(4 personen)

800 g onglet
250 g sjalotten
2 blaadjes laurier
1,5 dl rode wijn
2 dl rundsfond (zie p. 99)
een scheut cognac
2 bussels wilde waterkers
een klontje boter

VOOR DE POMMES ALLUMETTES
8 grote frietaardappelen
ossenwit

EXTRA MATERIAAL
Een 'mandoline' (snijtoestel) is ideaal om snel flinterdunne pommes allumettes te snijden.
Je kan dit gerecht ook serveren met klassieke frietjes.

Bereiding

ONGLET À L'ÉCHALOTTE

Tip: **Een onglet (of kraaibiefstuk, longhaas) hoort bleu of saignant gebakken te worden. Op deze manier doe je het gerecht de meeste eer aan en kan je volop genieten van de smaak van het vlees. Uiteraard kan je deze sjalottensaus ook serveren bij een klassieke steak.**

- Pel de sjalotten en snij ze in fijne halve ringen. Verwarm intussen de oven voor op 170° C.
- Kruid het vlees langs beide kanten met zwarte peper van de molen en wat zout. Smelt een klont boter in een bakpan op hoog vuur en korst het vlees aan. Zet het vuur op tijd zachter, zodat de boter niet verbrandt. (Voeg eventueel een klontje verse boter toe om de temperatuur van het bakvet wat te verlagen.)
- Zodra het vlees een goudbruin korstje heeft, leg je het in een ovenvaste schotel. Laat het vlees 5 minuten verder garen in de oven.
- Fruit de sjalotten in de pan waarin je het vlees hebt aangebakken. Laat ze lichtbruin kleuren en schenk wat cognac in de pan. Flambeer kort en giet vervolgens de rode wijn in de pan.
- Voeg de blaadjes laurier toe aan de wijnrode sjalottensaus en verdun met de rundfond.
- Kruid de saus naar smaak met zwarte peper van de molen en een snuifje zout. Laat alles enkele minuten rustig sudderen op een laag vuur.

you have to go West

- Haal het vlees uit de oven en draai de lappen vlees om. Vouw een vel zilverpapier over de bakschotel en laat het vlees even rusten, zodat de braadsappen zich mooi kunnen verdelen.

POMMES ALLUMETTES

- Schil de aardappelen en snij ze in heel dunne frietjes. Pommes allumettes kan je het best snijden met een mandoline.
- De pommes allumettes hoeven niet gespoeld te worden, want het zetmeel zal voor krokante frietjes zorgen. Ook voorbakken is overbodig.
- Bak de flinterdunne frietjes krokant in ossenwit (rundsvet) op 180° C.
- Schud de frietjes op in een schaaltje bekleed met keukenpapier, zodat het overtollige vet verdwijnt.

AFWERKING

- Snij de onglet in vingerdikke schijfjes. Let erop dat je dwars op de vezel van het vlees snijdt.
- Serveer enkele schijfjes vlees met de fijne frietjes. Schep een flinke lepel sjalottensaus over de onglet en garneer het bord met een toefje pittige waterkers.

De **onglet** wordt ook wel de 'beenhouwersbiefstuk' genoemd, omdat de slager dit stuk van het vlees vroeger vaak voor zichzelf hield. Het ziet er immers niet zo aantrekkelijk uit, en het presenteert dus niet zo mooi in een koeltoog. Maar als je het goed klaarmaakt (en dat doe je zoals je een stuk rosbief zou klaarmaken), heb je een erg smakelijk en mals stuk vlees.
Maar waar komt onglet dan precies vandaan? Onglet hangt aan een dunne pees in de buikholte van het rund. Een koe van een halve ton sleept al snel een onglet van 1,2 tot 1,3 kilogram met zich mee. Het is een spier die weinig werkt, waardoor het vlees erg mals is.
Naast onglet zijn er ook andere soorten rundvlees: de côte à l'os en de entrecote (voor de kenner), filet pur en filet mignon (voor wie graag mals vlees eet) en de chateaubriand (de beste steak).